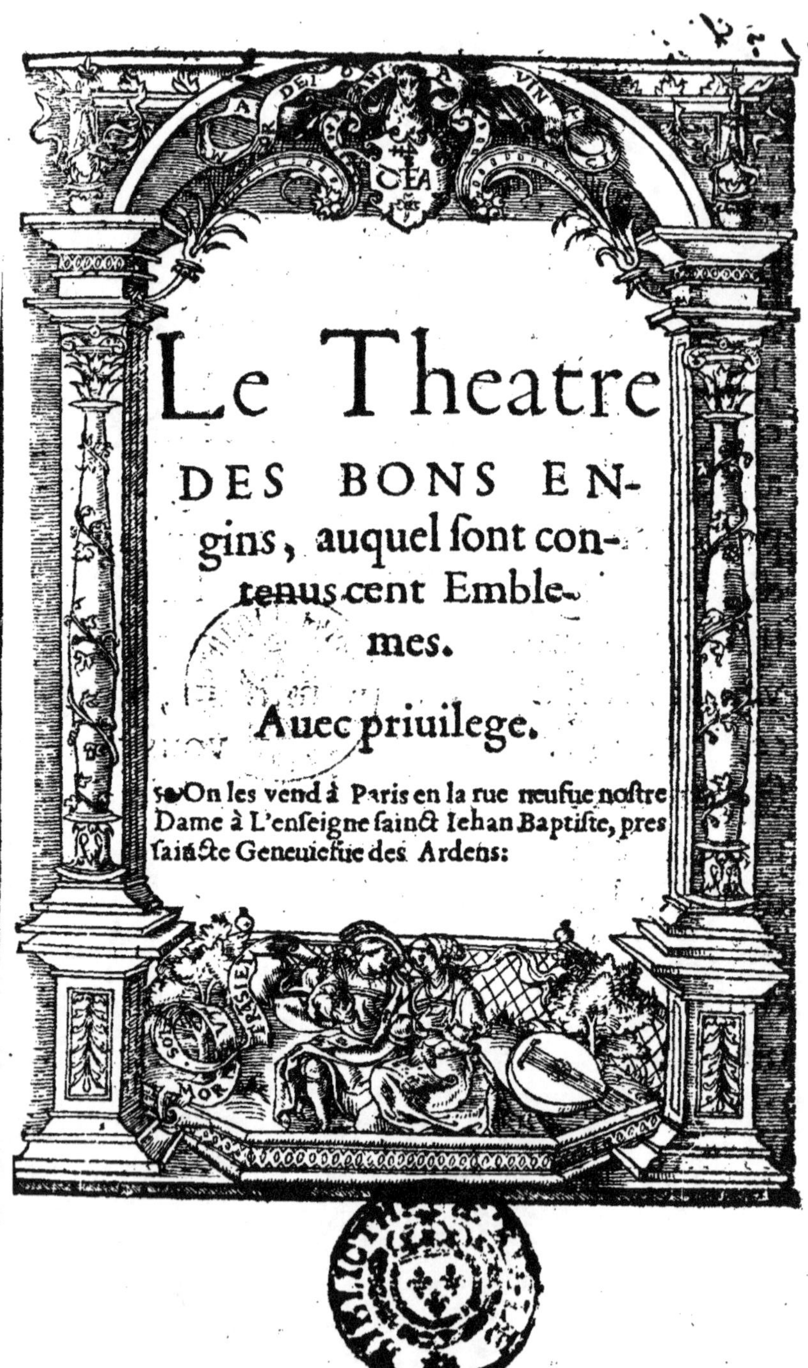

Le Theatre

DES BONS EN-
gins, auquel sont con-
tenus cent Emble-
mes.

Auec priuilege.

On les vend à Paris en la rue neufue nostre Dame à L'enseigne sainct Iehan Baptiste, pres saincte Geneuiefue des Ardens:

A monsieur le Preuost de Paris ou son Lieutenant Ciuil.

SVpplie humblement Denys Ianot libraire & imprimeur demourãt à Paris, Comme ainsi soit que ledict suppliant ayt recouuert vne petite copie garnie de cẽt figures & cẽt dixains, appellée le theatre des bons engins, cõposée par discrette personne Guillaume de la Perriere Tolosain. Lequel Theatre il feroit voluntiers imprimer, ce qu'il ne veult faire sans vostre permission, licence, & congé. Ce consideré, il vous plaise permettre audict suppliant le faire imprimer & vendre : & au moyen que ledict suppliãt a fraié & deboursé plusieurs deniers à la taille des figures & pourtraictz d'icelles, & que encores il luy cõuient faire pour les impressions : Il vous plaira permettre audict suppliant deffenses estre faictes à tous Libraires & Imprimeurs & aultres ne imprimer ne faire imprimer, vendre ne faire vendre desdictz liures aultres que ceulx que ledict suppliant aura faict imprimer, iusques à quatre ans finis & accomplis sur peine de confiscation desdictz liures, qu'ilz auroient imprimez ou faict imprimer & vendus & d'amende arbitraire, & vous ferez bien.

Soit faict ainsi qu'il est requis iusques à troys ans prochainement venant. Faict le dernier iour de Ianuier mil cinq cent trente neuf.

I. I de Mesmes.

Pour y paruenir
iendure

Epiſtre.

A treshaulte & treſilluſtre prin-

ceſſe, Madame Marguerite de Frãce, Royne de Nauarre, ſeur vnicque du treſchreſtien Roy de France. Guillaume de la Perriere ſon treshũble ſeruiteur.

MAdame, Senecque Philoſophe Stoicque (auquel ſans aulcune controuerſe, les doctes attribuent entre les philoſophes latins la principaulté de moralle philoſophie) dict en petites parolles pleines de grande ſubſtance: que fortune n'eſt iamais en repos, & d'aduantage, qu'elle n'eſt couſtumiere de donner ioye ſans triſteſſe, doulceur ſans amertume, repos ſans trauail, renommée ſans enuie, & generalement aulcune felicité ſans infortune, ce que i'appercoy en moy à preſent verifié: Car d'autant qu'elle m'a rendu ioyeulx en me donnant opportunité de faire reuerence à voſtre royalle maieſté: & veoir noſtre preſente cité illuſtrée de voſtre bien heureuſe venue, d'autant elle m'a rẽdu triſte & melãcolicque de ce quelle a tãt haſtée voſtre dicte venue, que n'ay eu loyſir de preparer, lymer, & paracheuer cent Emblemes moraulx, accompaignez de cent dixains vniformes, declaratifz, & illuſtratifz d'iceulx : Leſquelz des leur inuention & commencement ſont à vous ſeule treſilluſtre princeſſe, par moy voſtre hũble & petit ſeruiteur (telz qu'ilz ſont) conſacrez & dediez : Mais pour autant (madame) que voſtre maieſté ne me puiſſe inculper, d'autant que ſuyuant l'erreur des Gentilz & ethniques i'attribue à fortune, ce que (comme chreſtien eſcriuant à princeſſe chreſtienne) ie doibs attribuer à prouidence diuine. l'eſtime que voſtre dicte heureuſe venue ne dependit onc de fortune, ains (ainſi que font tous aultres actes & negoces humains) de ſeule prouidence diuine : laquelle(comme il eſt neceſſaire de croire) faict toutes choſes pour le mieulx : Et que conſequemment voſtre heureuſe venue n'a eſté vers moy haſtiue que pour le mieulx. Parquoy(treſ illuſtre princeſſe) conſiderant à part moy ce que deſſus, me ſuis enhardy de vous preſenter humblement meſdictz Emblemes, combien qu'ilz n'ayent attainct que iusques au demy du nombre pretendu, vous priant (ma dame) les vouloir (telz qu'ilz sont) recepuoir selon vostre benignité accoustumée, & de tel vouloir, cõme par moy vostre petit seruiteur vous sont offertz & presentez. Au surplus (Madame) ce n'est pas seulement de nostre tẽps que les Emblemes sõt en bruict, pris & singuliere veneration, ains c'est de toute ancienneté & presque des le commencement du monde : Car les Egiptiẽs qui se reputẽt estre les premiers hommes du monde, auant l'usage des lettres, escripuoiẽt par figures & ymages tant d'hõmes, bestes & oyseaulx, poissons, que serpentz, par icelles exprimant leurs intentions, comme recitent tresanciens autheurs Chæremon, Orus Apollo, & leurs semblables qui ont diligemment & curieusement trauaillé à exposer & donner l'intelligence desdictes figures hierogliphicques, desquelles semblablement, Lucan a faict mention en sa Pharsalie, & des modernes l'autheur Polyphile en la description de son songe, Celien Rodigien en ses commentaires des lections anticques, Alciat a semblablement de nostre temps redigez certains Emblemes & illustrez de vers latins. Et nous à l'imitation des auant nommez, penserons auoir bien employé & collocqué les bõnes heures à l'inuention & illustratiõ de nosdictz presens Emblemes: & nous reputerõs tres heureulx si la lecture d'iceulx vous peult donner quelque intellectuele recreation. Priant Dieu Tresillustre princesse, qu'il vueille longuement conseruer vostre saine & bonne pensée, en corps sain.

Patere aut abſtine.
Nul ne ſ'y frotte.

Huictain.

Pierre du Cedre Tolosain à l'autheur du present liure.

COmme le feu qui cōmēcę allumer,
Est vng biē peu presse de la fumée:
Semblablement enuię a faict fumer,
Par cy deuant ta bonne renommée:
Mais à present sera bien allumée,
Par le moyen de ton diuin ouurage:
Et la lueur en brief temps estimée,
Par dessus tous bōs esprits de nostrę aage.

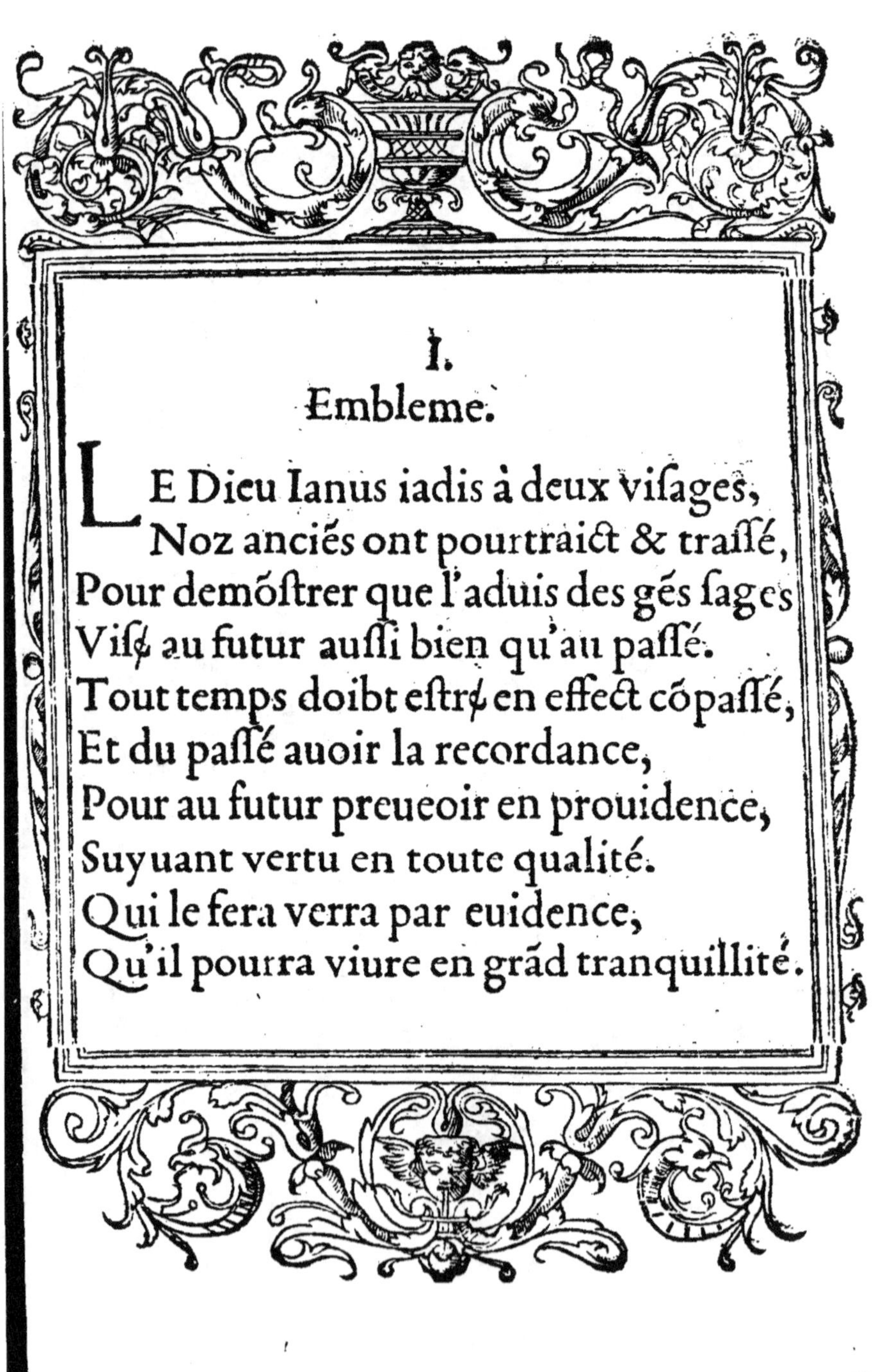

I.

Embleme.

LE Dieu Ianus iadis à deux viſages,
Noz anciẽs ont pourtraict & traſſé,
Pour demõſtrer que l'aduis des gẽs ſages
Viſe au futur auſſi bien qu'au paſſé.
Tout temps doibt eſtre en effect cõpaſſé,
Et du paſſé auoir la recordance,
Pour au futur preueoir en prouidence,
Suyuant vertu en toute qualité.
Qui le fera verra par euidence,
Qu'il pourra viure en grãd tranquillité.

II.

LE dieu Bacchus en allant à la chaſſe
Trouuãt Venus la courut ẽbraſſer,
Luy ſuppliãt qu'il luy pleuſt de ſa grace
L'accompagner, & quãt & luy chaſſer.
Lors d'ũg accord pour leur deſduict paſ
ſer,
Tous leurs filletz allerẽt ſi bien tendre,
Qu'a l'inſtant Minerue ſi vint prendre,
Sans que peult euiter ſes paſſages.
Par ceſt Emblemẽ, eſt facile d'entendre
Quẽ vin & fẽmẽ attrapẽt les plus ſages.

III.

TOy qui veulx viure au ſeruice des princes,
Garde toy bien de te iouer a eulx:
Car pour petit, ou pour rié que les pices,
Tu trouueras leur ieu trop dangereulx.
Telz paſſetéps, ſont en fin douloureulx,
Et bié ſouuét grand malheur ſé reueille:
Pour te iouer, cerche bille pareille,
Par ce moyen ſeras hors de danger:
Qui de touzer le Lyon ſappareille,
Eſt en peril de ſe faire menger.

B

IIII.

LA mouſche au laict, retourne ſi ſouuent,
Qu'au dernier tour, elle y laiſſe la vie.
Fol en plaiſir ſ'eſgare ſi auant,
Qu'à la parfin de ſon chemin deſuye:
Car Volupté, qui les humains conuie
A ſon feſtin, plain d'abus & malheur,
En fin leur donne armes de ſa couleur,
Qui ſont, regretz, en chãp de decadẽce,
Enuironnez d'une cheſne de pleur.
Qui chet à plat n'entend rien à la dence.

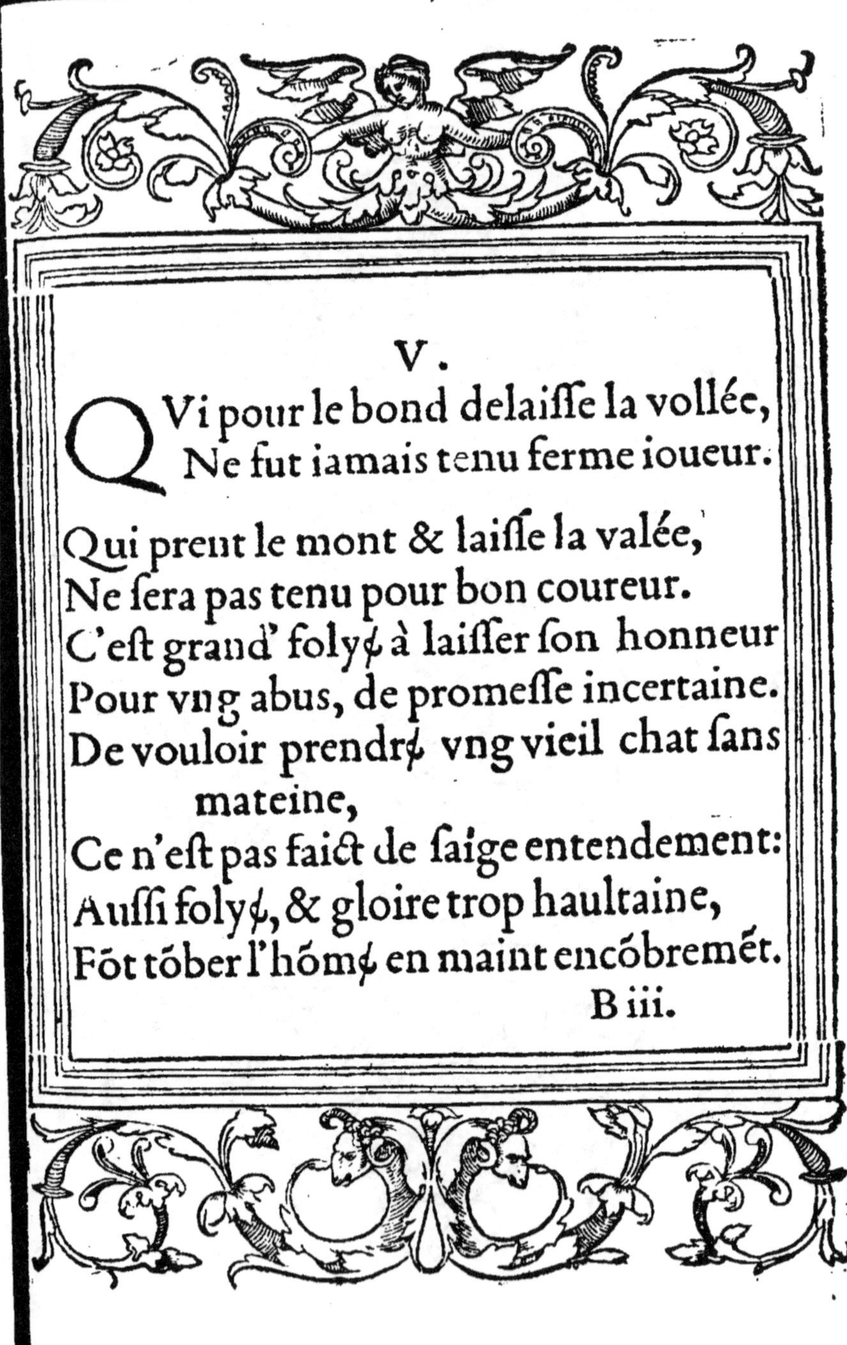

V.

QVi pour le bond delaiſſe la vollée,
Ne fut iamais tenu ferme ioueur.

Qui prent le mont & laiſſe la valée,
Ne ſera pas tenu pour bon coureur.
C'eſt grand' folye à laiſſer ſon honneur
Pour vng abus, de promeſſe incertaine.
De vouloir prendre vng vieil chat ſans mateine,
Ce n'eſt pas faict de ſaige entendement:
Auſſi folye, & gloire trop haultaine,
Fõt tõber l'hõme en maint encõbremẽt.

VI.

MAſques ſeront cy apres de requeſte,
Aultant ou plus qu'elles feurent iamais,
On n'en vſoit en bãquet ou en feſte
Anciennement, ſinon par entremetz,
Encor non pas toute perſonne: Mais
Pour le preſent, n'eſt hõme qui n'en vſe,
Chaſcun veult faindre & colorer ſa ruſe
Diſſimuler, ſoubz contrefaict langaige:
Merueille n'eſt, ſi de maſque on abuſe,
Car chaſcun taſche à faulſer ſon viſaige.

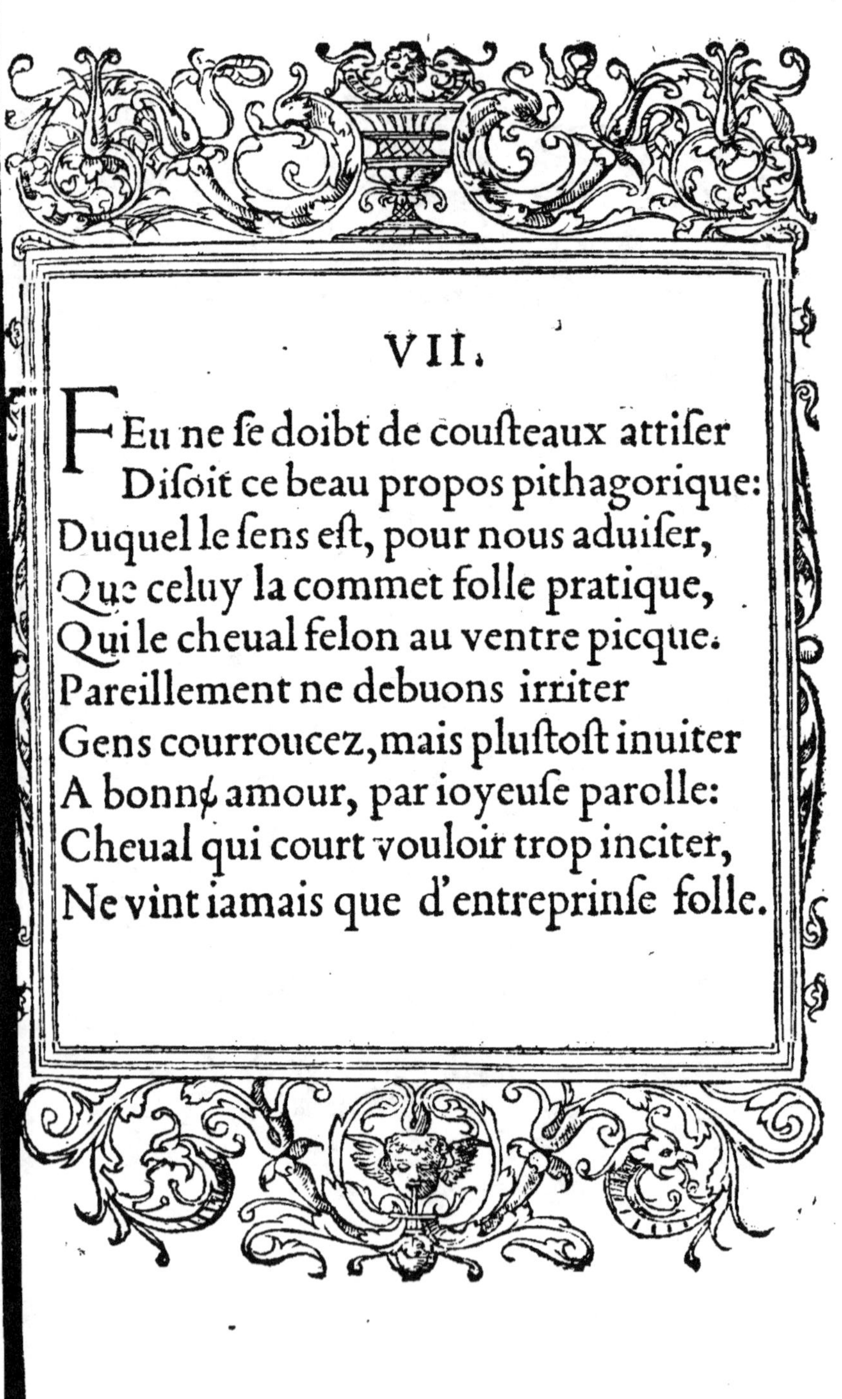

VII.

Feu ne ſe doibt de couſteaux attiſer
Diſoit ce beau propos pithagorique:
Duquel le ſens eſt, pour nous aduiſer,
Que celuy la commet folle pratique,
Qui le cheual felon au ventre picque.
Pareillement ne debuons irriter
Gens courroucez, mais pluſtoſt inuiter
A bonne amour, par ioyeuſe parolle:
Cheual qui court vouloir trop inciter,
Ne vint iamais que d'entreprinſe folle.

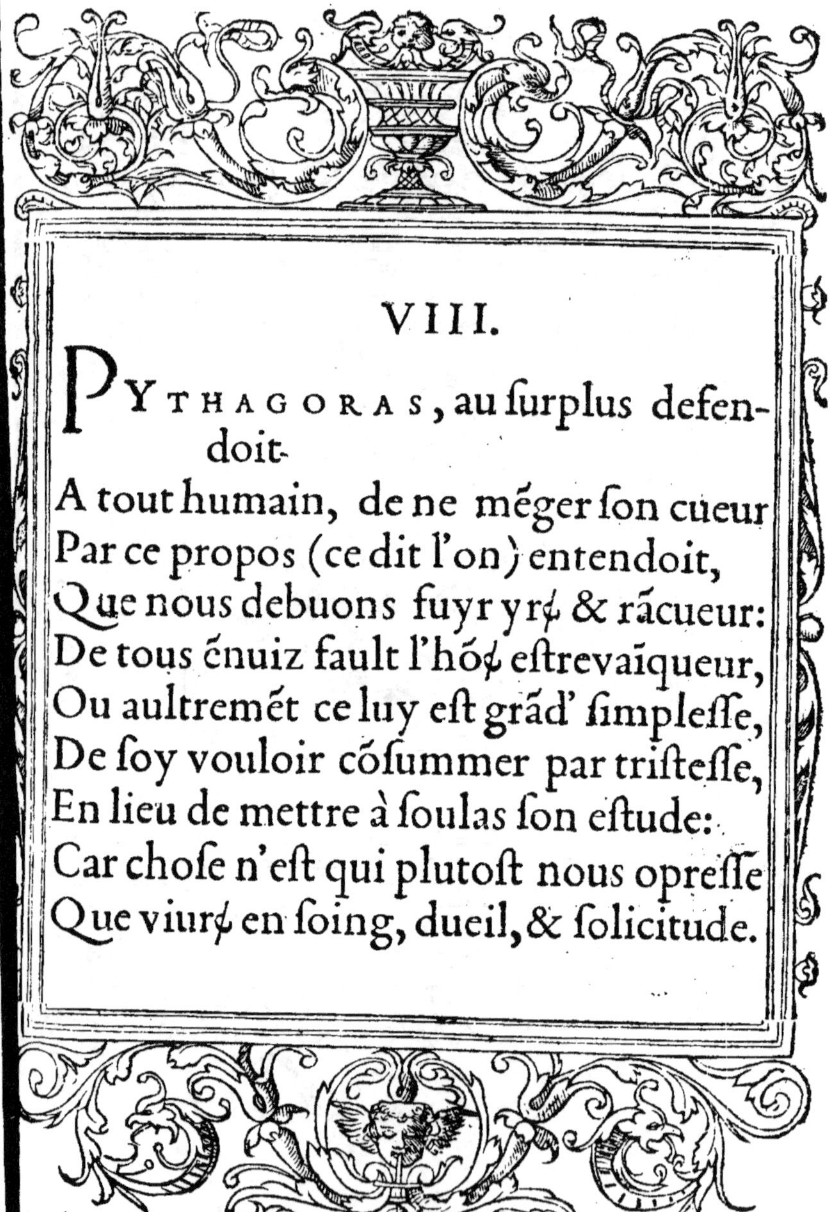

VIII.

PYTHAGORAS, au ſurplus defendoit

A tout humain, de ne mẽger ſon cueur
Par ce propos (ce dit l'on) entendoit,
Que nous debuons fuyr yrę & rãcueur:
De tous ẽnuiz fault l'hõę eſtre vaĩqueur,
Ou aultremẽt ce luy eſt grãd' ſimpleſſe,
De ſoy vouloir cõſummer par triſteſſe,
En lieu de mettre à ſoulas ſon eſtude:
Car choſe n'eſt qui plutoſt nous opreſſe
Que viurę en ſoing, dueil, & ſolicitude.

IX.

LE mesme autheur dit en vng aultre endroit,

Que saige n'est, ne doibt estre tenu
Celuy qui met vng anneau trop estroit
Dedãs son doigt, s'il n'est biẽ fort menu:
Car si le doigt est enflé deuenu,
Comment l'anneau pourras tu retirer?
Aussi ne fault trop auant se tirer,
En lieu duquel on ne pourroit sortir
Sans se blecer, ou robbe dessyrer,
Ou pour le moins sans biẽ s'en repentir.

X.

DIct dauantaige vng mottet d'excellence.
C'est, que sur tout se doibuẽt les humaĩs
Contregarder de passer la balance,
Suyure le poix, iuste, ne plus ne moins.
Et qu'ainsi soit, les monarques Romaĩs
Furẽt heureux soubz le poix de iustice,
Mais puis que vĩt en leur cueur auarice,
Et contre droict furent gras & refaictz,
Discord ciuil les mist en telle lice,
Que de leur bras mesmes se sõt defaitz.

XI.

A Vng chascun se tu bailles la main,
Et faiz amys auãt que les prouuer:
Tu t'en repens possible au lendemain,
Lors que le tẽps n'est de les resprouuer:
Dõcques premier que persõne aprouuer
En amytié, pense quelle nature
Il peult auoir, quelle est sa geniture,
Quelz meurs, quel train, quelle facon de viure.
Qui faict amy, par sort, à l'aduenture,
Sans grand danger ne s'en verra deliure.

C

XII.

DOnt vient cela, que l'homme en ſa ieuneſſe
Eſt hazardeux, & chault oultre meſure?
Et l'hõme d'aage, affoibly par vieilleſſe
Eſt fort paoureux & froid de ſa nature?
La raiſon eſt, ieune n'a coniecture
D'experiẽce, & pourtant il luy ſemble,
Que qui le voit, deuãt luy fault qu'il trẽble,
Tãt ſe cõfie en ſõ ſẽs trop haſtif:
Le vieil a veu tãt de malheurs enſẽble
Que par raiſon il doibt eſtre craintif.

XIII.

EN Thessalie on voit communement
Asnes bien grãs, de belle corpulẽce,
Qui toutesfois sõt lourds en mouuemẽt
Et n'ont d'esprit quelque hõneste excel-
lence:
Pour le present voyons grand affluence
De telz lourdaux, massifz à testes grosses
En plusieurs lieux porter mitres & crosses
Et les cheuaulx estre chargez de batz.
Puis qu'asnerie & dignité font nopces,
Gens literez cerchez aillieurs esbatz.

XIIII.

POur peu de cas trebuche foy legere,
Et pour vng rien ſoudain amont ſe lance:
Vne plumette, vng graĩ de cheneuiere,
Plus poiſera contre elle à la balance.
Cela nous dit, que n'ayons accontance
D'amys qui ſont faconnez de fortune.
Vraye amitié, touſiours eſt opportune:
Et ſ'appercoit en cas d'aduerſité.
Les bons amys (ſelon la voix cõmune)
Se congnoiſſent à la neceſſité.

C iiii

I

XV.

PAintre volant eſtre trop curieux
A facõner tant de foys ſon ymaige,
Par trop cuyder faire de bien en mieulx,
En fin pourroit bië gaſter ſon ouuraige.
Au cas pareil, l'eſprit leger, volaige,
Par trop cuyder blaſonner & ſcauoir,
Souuent ſe pert: & n'en peult on auoir
A l'aduenir, que bien peu d'eſperance.
Mieulx dõcques vault Sainct PAVL ramenteuoir,
Qui dit, qu'on doibt ſcauoir à ſuffiſance.

XVI.

L'On a iadis veu monſtres bien horribles:
Cõme Chimere en forme eſpouẽtable,
Sagittaires ou Centaures terribles,
Et Gerion en trois corps admirable,
Phitõ ſerpẽt fort craint & redoubtable,
Meduſe fée au long poil trop hideuſe,
Hydra difforme en lerne dangereuſe,
Et Cerberus (à veoir) horrible beſte:
Mais bien ſeroit choſe plus merueilluſe,
Qui pourroit veoir vne fẽme ſans teſte.

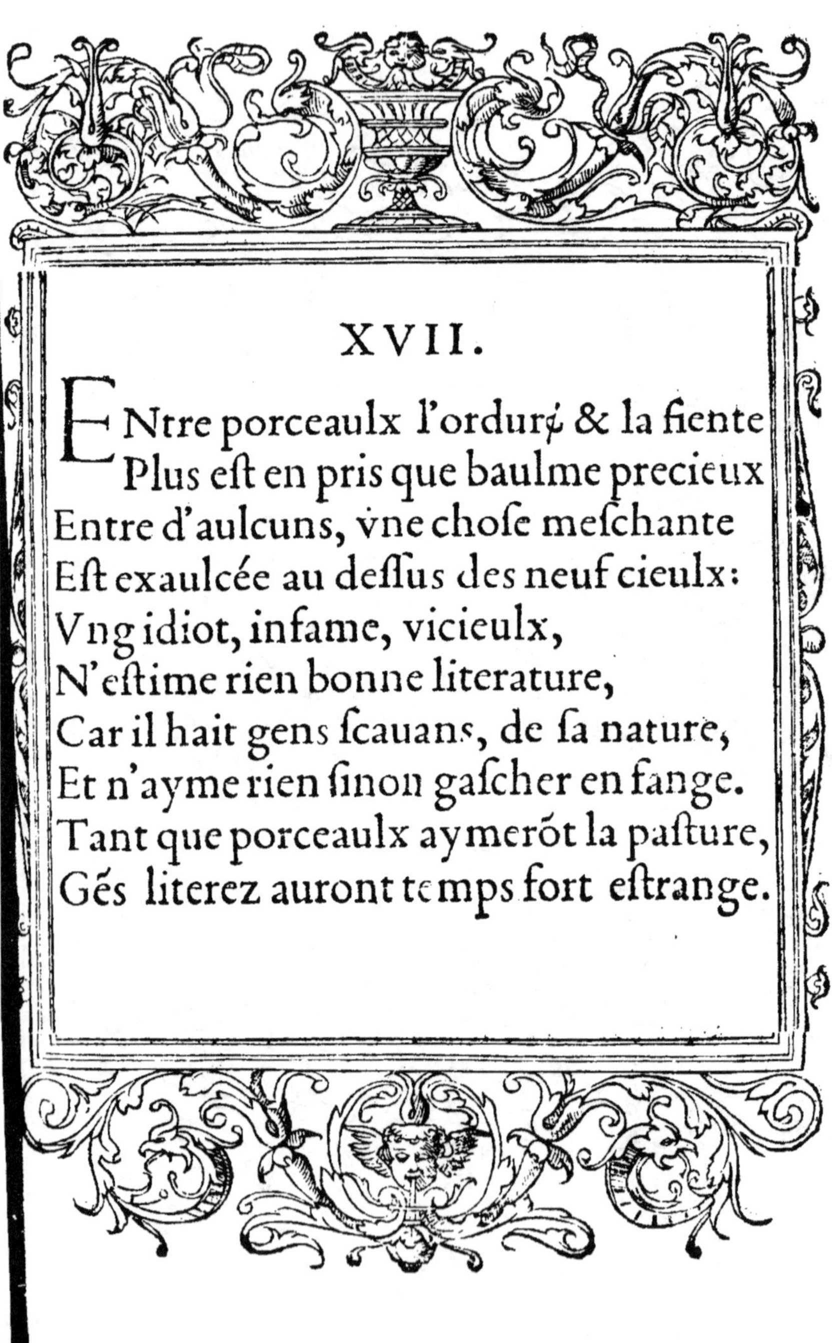

XVII.

ENtre porceaulx l'ordure & la fiente
Plus eſt en pris que baulme precieux
Entre d'aulcuns, vne choſe meſchante
Eſt exaulcée au deſſus des neuf cieulx:
Vng idiot, infame, vicieulx,
N'eſtime rien bonne literature,
Car il hait gens ſcauans, de ſa nature,
Et n'ayme rien ſinon gaſcher en fange.
Tant que porceaulx aymerõt la paſture,
Gẽs literez auront temps fort eſtrange.

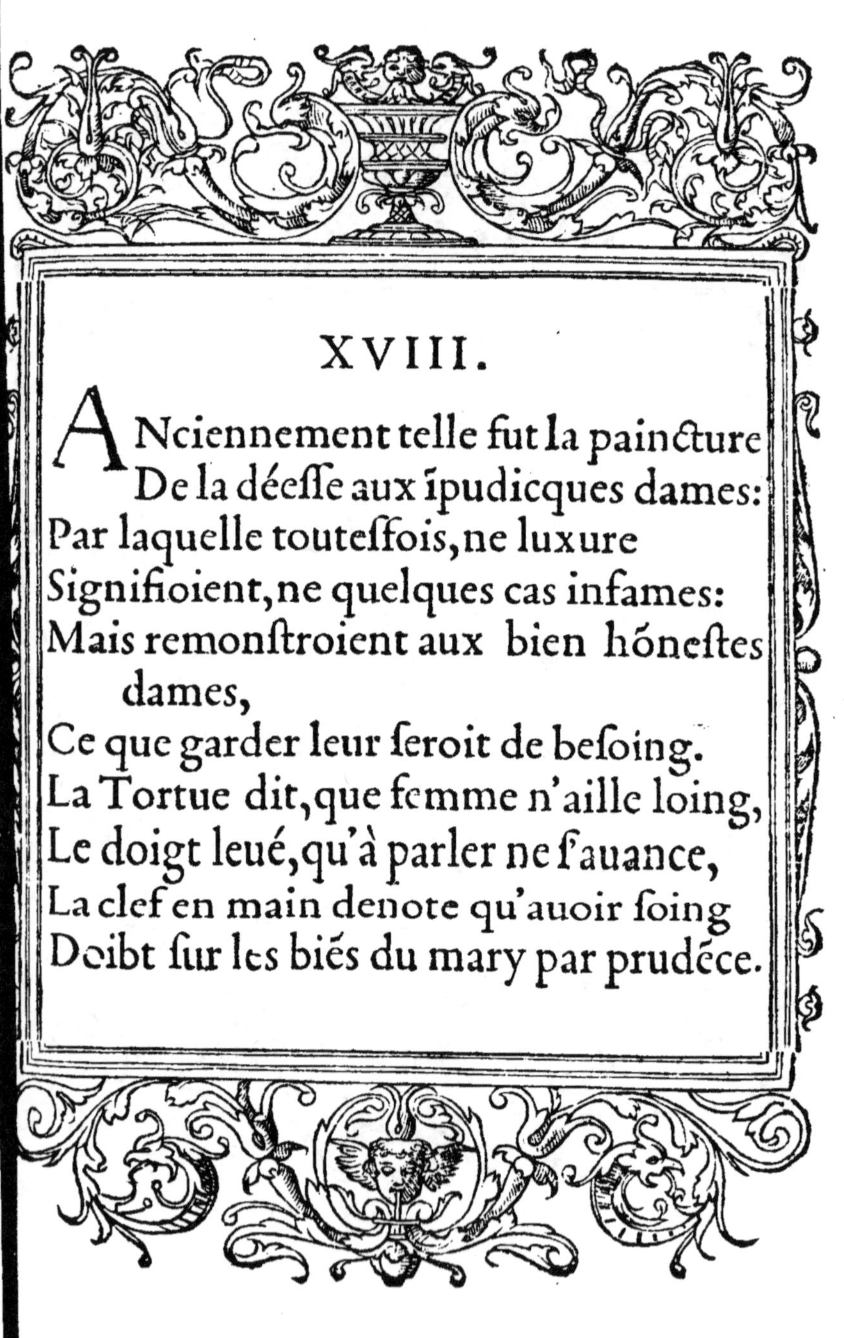

XVIII.

ANciennement telle fut la paincture
De la déeſſe aux ĩpudicques dames:
Par laquelle toutesſois, ne luxure
Signifioient, ne quelques cas infames:
Mais remonſtroient aux bien hõneſtes
dames,
Ce que garder leur ſeroit de beſoing.
La Tortue dit, que femme n'aille loing,
Le doigt leué, qu'à parler ne ſ'auance,
La clef en main denote qu'auoir ſoing
Doibt ſur les biẽs du mary par prudẽce.

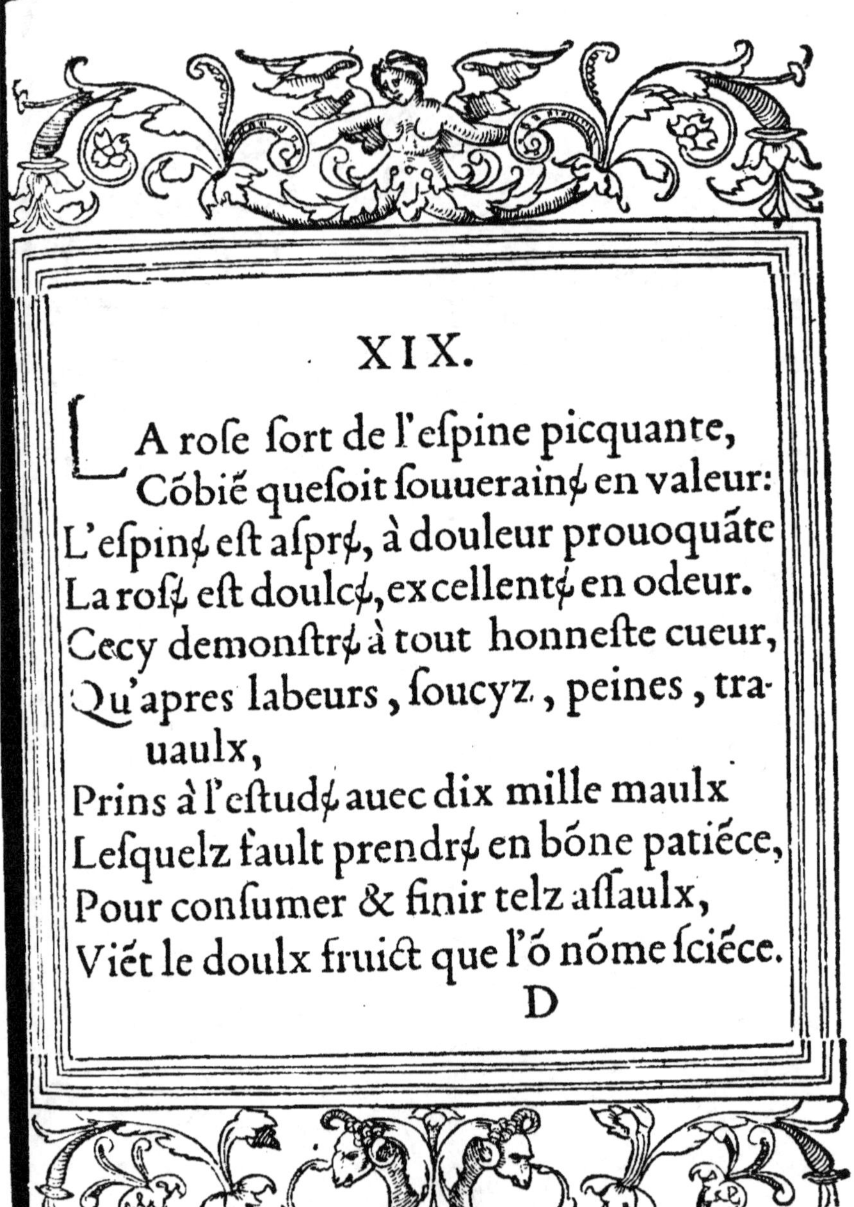

XIX.

LA roſe ſort de l'eſpine picquante,
Cõbiẽ queſoit ſouueraine en valeur:
L'eſpine eſt aſpre, à douleur prouoquãte
La roſe eſt doulce, excellente en odeur.
Cecy demonſtre à tout honneſte cueur,
Qu'apres labeurs, ſoucyz, peines, tra-
uaulx,
Prins à l'eſtude auec dix mille maulx
Leſquelz fault prendre en bõne patiẽce,
Pour conſumer & finir telz aſſaulx,
Viẽt le doulx fruict que l'õ nõme ſciẽce.

D

XX.

GEns aueuglez mal cōduictz par fortune,
Considerez qu'elle a les yeulx bendez:
Nō plus que vous n'y void soleil ne lune.
Ie ne scay pas commēt vous l'entendez:
A quoy tient il, que ne vous debendez?
Si verrez bien cōme mal vous promene,
Et le pertuys ou trebucher vous mene,
Gouffre de maulx & de calamité:
Quand penserez auoir or & demaine,
Lors vous verrez en grande extremité.

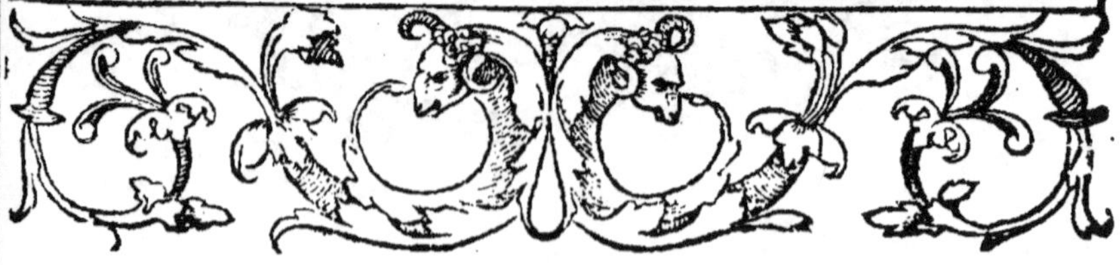

XXI.

Mouches en lair à peine chaſſeras,
Si tõ eſpée eſt de miel ẽbrouillée:
Dol & abuz, à peine conuaincras,
Si ton ame eſt de fauſceté ſouillée:
Tu penſeras auoir belle baillée,
Que les mouches à ton eſpée tiendront,
Et qui pis eſt, nouuelles reuiendront
Pour la doulceur de ſi bonne paſture.
Par tromperie abuz ne ſen yront,
Ou ce ſera bien fort grande aduenture.

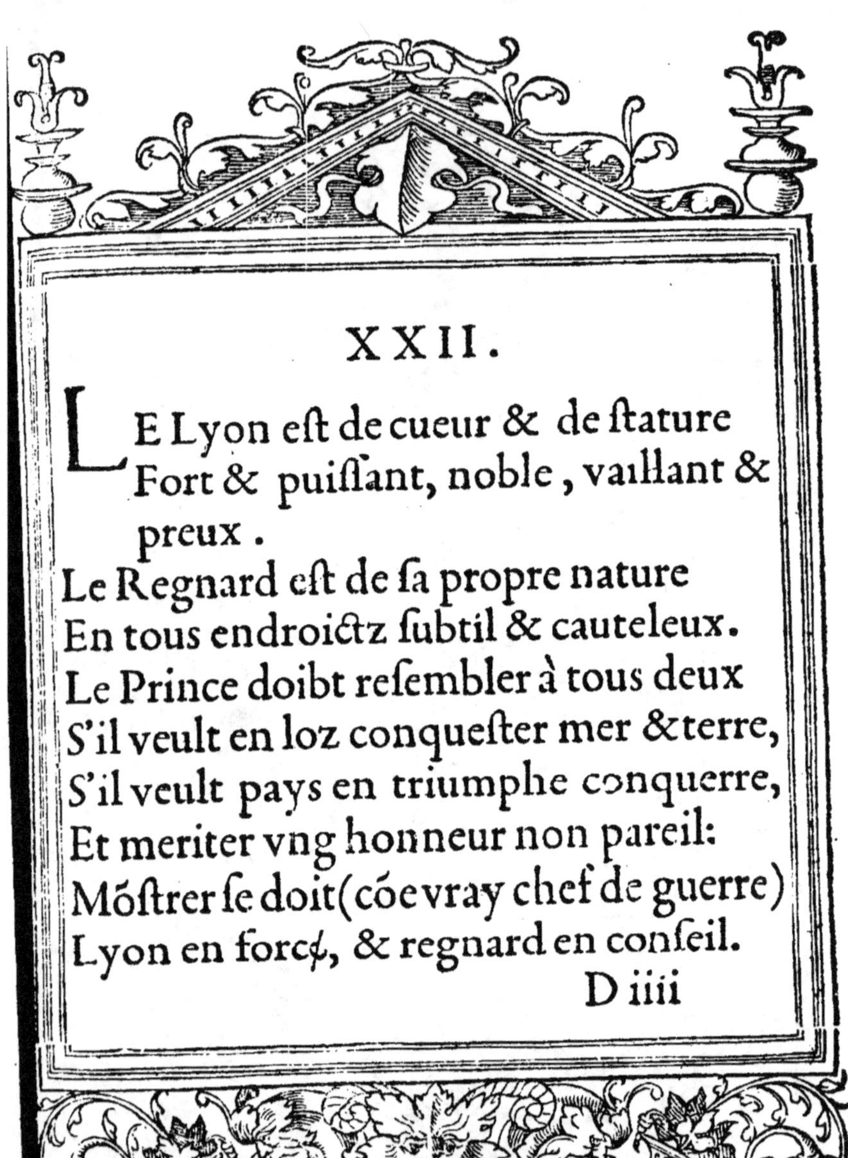

XXII.

LE Lyon eſt de cueur & de ſtature
Fort & puiſſant, noble, vaillant & preux.
Le Regnard eſt de ſa propre nature
En tous endroictz ſubtil & cauteleux.
Le Prince doibt reſembler à tous deux
S'il veult en loz conqueſter mer & terre,
S'il veult pays en triumphe conquerre,
Et meriter vng honneur non pareil:
Mõſtrer ſe doit (cõe vray chef de guerre)
Lyon en force, & regnard en conſeil.

XXIII.

LE sot pescheur, cuydant prẽdrɇ vne perche,
Soubz ses filez attrappɇ vng Scorpion:
le sot ioueur, roynɇ & roy matter cerche
Qui pour tous metz n'ẽpoigne qũg piõ:
Assez cuyda le vaillant Scipion,
Quand pour le roy tua son seruiteur.
Le cuyder faict souuẽt l'homme mẽteur:
Tel bas descend qui cuyde mõter hault.
Sõme, iamais l'hõme qui ayme hõneur,
Ne doibt cuyder par trop plus qu'il ne fault.

XXIIII.

PEnſez ſi c'eſt choſe tresbien ſeante
A vng porceau, de porter vne bague:
Penſez ſi c'eſt choſe bien conuenante
A vng enfant, de porter vne dague:
A vng coquin, de mener groſſe brague:
A vng lourdault, contrefaire le ſaige:
A vng aſnier, traicter ſubtil ouuraige:
A vng gros beuf, preſẽter des chapeaulx.
Propre doibt eſtre à chaſcũ ſon paraige,
La bague à l'hõme, & le gland aux porceaulx.

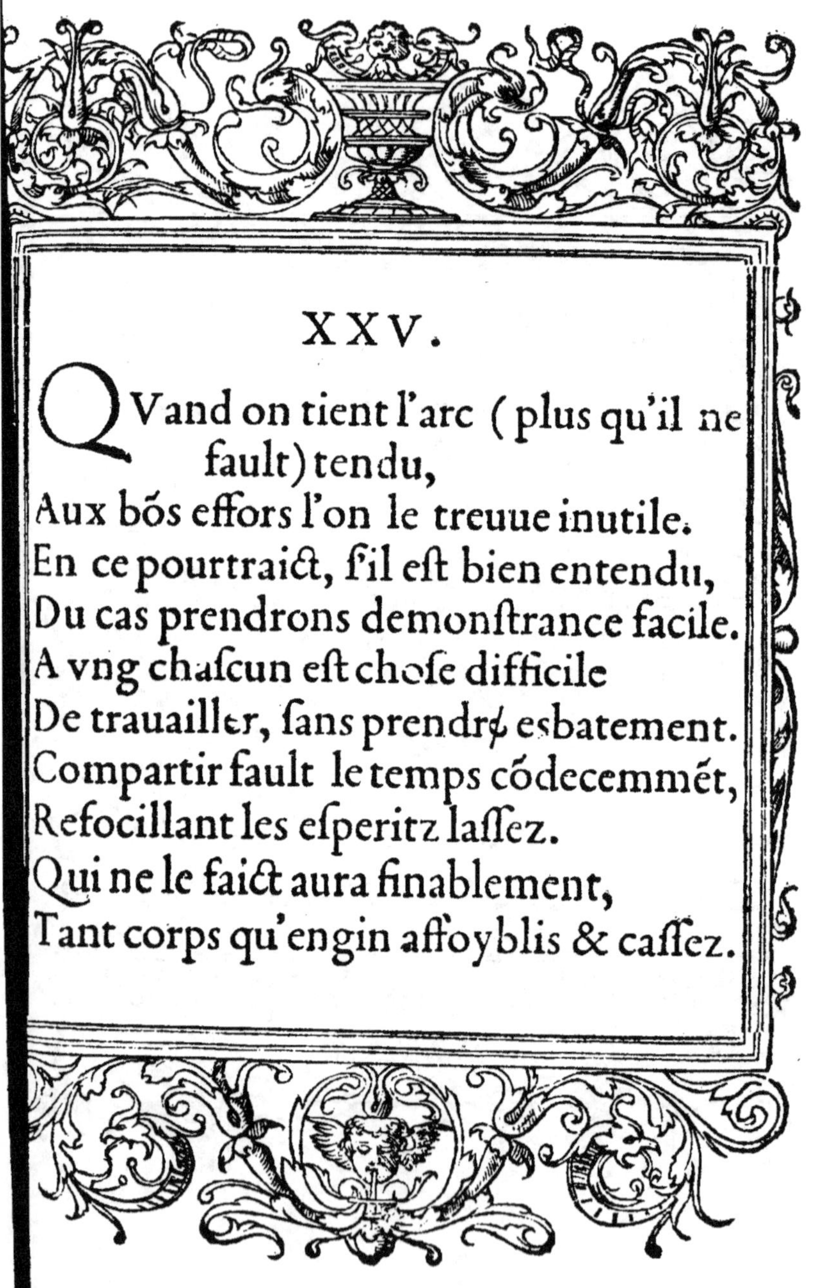

XXV.

QVand on tient l'arc (plus qu'il ne
fault) tendu,
Aux bõs effors l'on le treuue inutile.
En ce pourtraict, ſ'il eſt bien entendu,
Du cas prendrons demonſtrance facile.
A vng chaſcun eſt choſe difficile
De trauailler, ſans prendre esbatement.
Compartir fault le temps cõdecemmẽt,
Refocillant les eſperitz laſſez.
Qui ne le faict aura finablement,
Tant corps qu'engin affoyblis & caſſez.

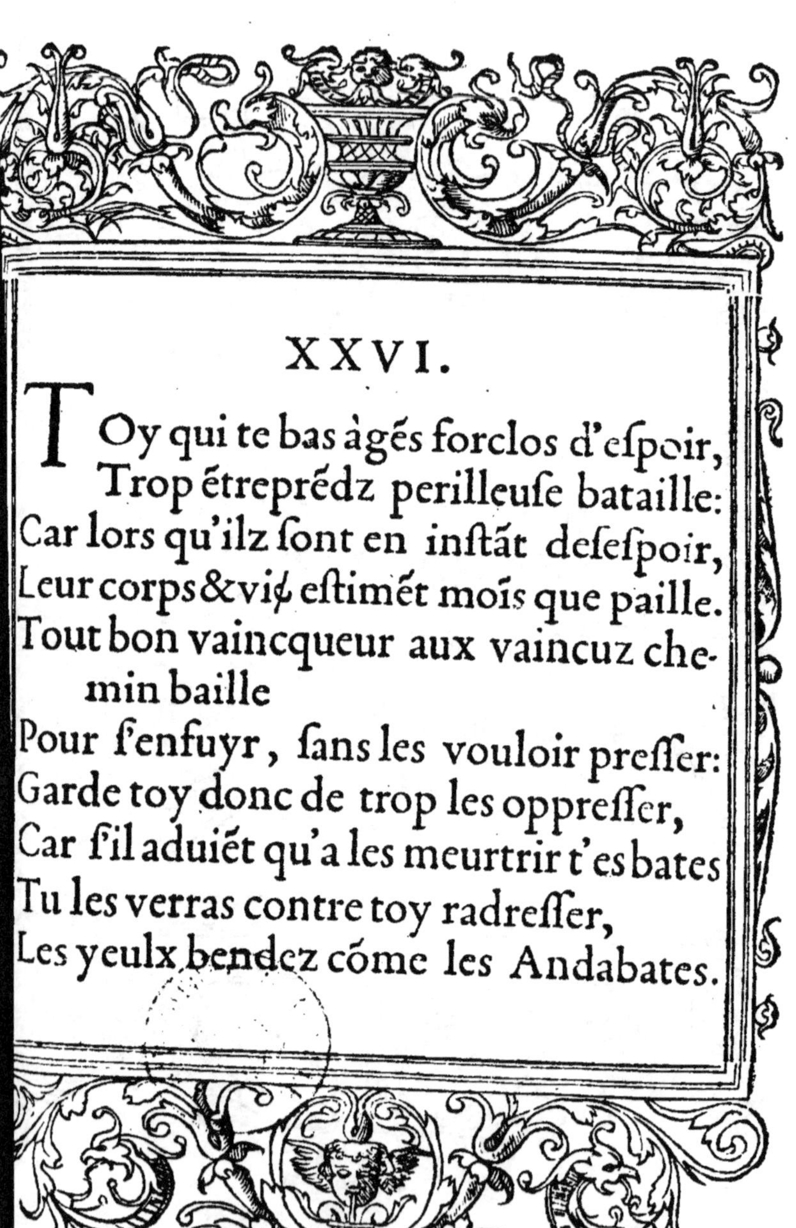

XXVI.

Toy qui te bas àgés forclos d'eſpoir,
Trop ẽtreprẽdz perilleuſe bataille:
Car lors qu'ilz ſont en inſtãt deſeſpoir,
Leur corps & vie eſtimẽt moĩs que paille.
Tout bon vaincqueur aux vaincuz chemin baille
Pour ſenfuyr, ſans les vouloir preſſer:
Garde toy donc de trop les oppreſſer,
Car ſil aduiẽt qu'a les meurtrir t'es bates
Tu les verras contre toy radreſſer,
Les yeulx bendez cõme les Andabates.

XXVII.

LE Roy d'eſchez, pendant que le ieu
dure,
Sur ſes ſubiectz ha grande preference,
Sy l'on le matte, il conuiét qu'il endure
Que l'on le mette au ſac ſans difference.
Cecy nous faict notable demonſtrance,
Qu'apres le ieu de vie tranſitoire,
Quãd mort nous a mis en ſõ repertoire,
Les roys ne ſõt pluſgrãs que les vaſſaulx
Car dans le ſac(cõme à tous eſt notoire)
Roys & pyons en hõneur ſont eſgaulx,

E

XXVIII.

IEu de fortune est tant impetueulx,
Que grans & gros souuẽt elle rẽuerse.
Le saige estãt, en tous faictz vertueulx,
N'est point subiect à sa fureur peruerse:
Car non obstãt qu'elle soit trop diuerse,
Contre vertu n'a toutesfois puissance.
Par la Tortue en auons remonstrance,
Qui sur son corps porte cocque si dure,
Qu'elle ne craĩt des mousches l'isolẽce,
Car pour sa cocque ont trop foyble
poincture.

XXIX.

PLustost sera fortune fauorable
A vng dormart: à vng roger bôtẽps,
Qu'a vng esprit gentil & honorable,
Qui trauaillé se sera cinquante ans.
S'elle en a faict iadis de mal contens
En cest estat, que sera desormes
Quãd elle met (plus que ne feit iamais)
Biens & hõneurs au filletz des dormãs?
Et si ne chasse(à present) pour tous mes,
Que pour paillars, ydiotz ou gourmãs.

E iii

XXX.

QVi veult la rose au vert buysson saisir,
Esmerueiller ne se doibt s'il se poinct.
Grãd biẽ na'uõs, sãs quelque desplaisir,
Plaisir ne vient sans douleur, si apoint.
Couclusion sommaire, c'est le point,
Qu'apres douleur, on ha plaisir: souuẽt
Beau tẽps se voit, tost apres le grãt vẽt,
Grãd biẽ suruiẽt apres quelque maleur.
Parquoy pẽser doibt tout hõme scauãt,
Que volupté n'est iamais sans douleur.

XXXI.

EN danger est de rompre son espée
Qui sur l'enclume en frappe rudement.
Aussi l'amour est bien tost sincoppée,
Quand son amy on presse follement.
Qui le fera, perdra subitement
Ce qu'il deburoit bien cheremẽt garder.
De tel abus, se fault contregarder,
Cõme en ce lieu auõs doctrine expresse.
A tel effort, ne te fault hazarder
De perdre amy, quãd souuẽt tu le presse.

XXXII.

LAigle ha le cueur de ſi noble nature
Qu'elle ne veult contre mouches
contendre:
Bien les pourroit mettre a deſcõfiture,
Mais ce faiſãt, hõneur n'ẽ peult attẽdre
Tout bon eſprit en cecy peult cõprẽdre
Que cõtre gens de cueur puſillanimes,
Ne ſont effors les hõmes magnanimes:
Mais aux pareilz taſchent liurer la
guerre.
D'auoir vaĩcu gẽs de tous poins ĩſimes,
L'on n'en pourroit que deshonneur ac-
querre.

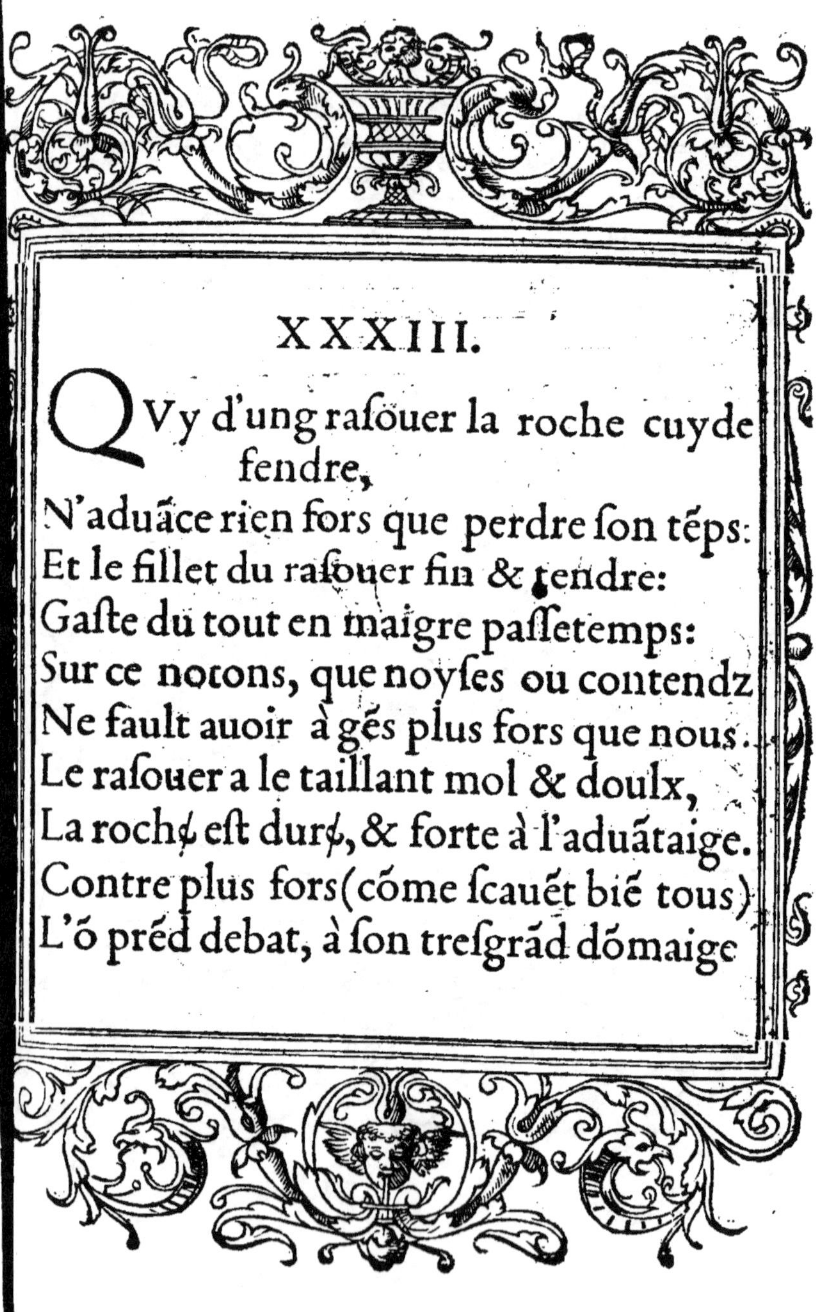

XXXIII.

QVy d'ung raſouer la roche cuyde
fendre,
N'aduãce rien fors que perdre ſon tẽps:
Et le fillet du raſouer fin & tendre:
Gaſte du tout en maigre paſſetemps:
Sur ce notons, que noyſes ou contendz
Ne fault auoir à gẽs plus fors que nous.
Le raſouer a le taillant mol & doulx,
La roche eſt dure, & forte à l'aduãtaige.
Contre plus fors (cõme ſcauẽt biẽ tous)
L'õ prẽd debat, à ſon treſgrãd dõmaige

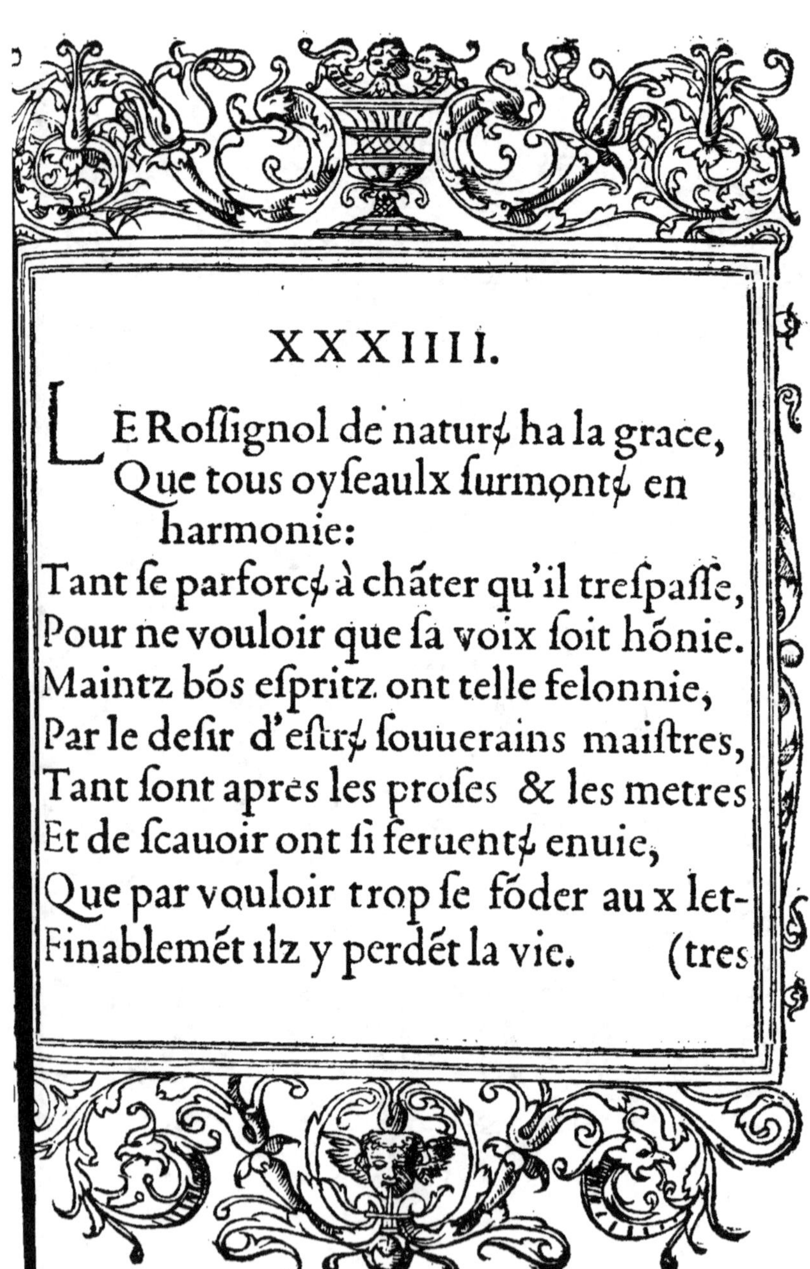

XXXIIII.

LE Roſſignol de nature ha la grace,
Que tous oyſeaulx ſurmonte en harmonie:
Tant ſe parforce à chãter qu'il treſpaſſe,
Pour ne vouloir que ſa voix ſoit hõnie.
Maintz bõs eſpritz ont telle felonnie,
Par le deſir d'eſtre ſouuerains maiſtres,
Tant ſont apres les proſes & les metres
Et de ſcauoir ont ſi feruente enuie,
Que par vouloir trop ſe fõder aux let-(tres
Finablemẽt ilz y perdẽt la vie.

XXXV.

EN volupté facilement on entre,
Mais on en ſort à grand difficulté:
Qui trop deſire obeir à ſon ventre,
Il en eſt pire en toute faculté.
Ce beau propos auons pour reſulté,
Du Labyrinthe auquel facilement
L'on peult entrer, mais ſi parfondemẽt
On eſt dedans, l'yſſue eſt difficile:
En vain plaiſir auſſi ſemblablement
L'on entre toſt, mais ſortir n'eſt facile.

F

XXXVI.

QVi cuyde abatre abuz inueteré
Eſt biẽ fruſtré de tout ce qu'il pourchaſſe:
Car ſi ſouuent il eſt reiteré,
Que l'on n'a rien à ſuiure telle chaſſe.
Fort faſcheuſe eſt, & bien ſotte l'audace,
De ceulx qui ont ce lourd entendemẽt,
De prẽdre aux rez les vẽtz ſoudainemẽt:
Les vẽtz qui n'õt ne corps ne bras ny teſte.
Qui veult auſſi trop temerairemẽt
Changer abuz ſans preuoir eſt biẽ beſte.

XXXVII.

Lors que la dame au miroir se regarde
Et qu'elle void la beaulté de sa face,
Fault que de vice en tant secontregarde,
Que deshonneur à sa beaulté ne face:
Si belle n'est, pour lors fault qu'elle efface
Par ses vertuz, le deffault de nature:
Beaulté de corps tourne à desconfiture,
S'elle se plonge en plaisirs reprouuez.
Ycy noter peult toute creature,
Que les miroirs à ces fins sont trouuez.

XXXVIII.

L'Oyſeau captif & mis dedãs la cage
Ne laiſſe pas pour ſa captiuité,
De iargounner en ſõ beau chãt ramage,
Soy conſolant ſur toute aduerſité.
Par ceſt exemple, eſtre doibt incité
Tout triſte cueur, à prẽdre eſiouiſſance:
Car viure en dueil apres tout, rien n'ad-
uance,
Fors qu'approcher à la fin de ſes iours,
Gaſter ſon corps, affoyblir ſa puiſſance,
Et ſe bannir de playſirs & ſeiours.

XXXIX.

SI le Lyon conduict vne bataille,
Posé qu'il n'ayt auec luy que des cerfz:
Et d'autre part viét vng cerf qui l'assaille
Accompaigé de lyons bien expers:
Le seul lyon rendra les aultres serfz,
D'autát qu'ung cerf porte leur estádart:
Car gés hardiz, ayans vng chef couard
En combatant n'auront iamais estime,
Et gens craintifz se mettront en hazard,
S'ilz sont códuictz par vng chef magnanime.

XL.

VNg gros larron tache d'auoir office,
A celle fin que grans & petis ronge:
Tādis qu'il prēt ſoubz couleur de iuſtice
De le punir le prince penſe & ſonge:
Puis tout ſoubdaī, viēt à ſerrer l'eſpōge,
En luy oſtant le bien qu'il a pillé.
Le larron eſt du pays exillé,
Decapité, ou peult eſtre pendu:
Trop peu ſeroit qu'il fuſt eſſorillé,
Car ſur la roue il doibt eſtre eſtendu.

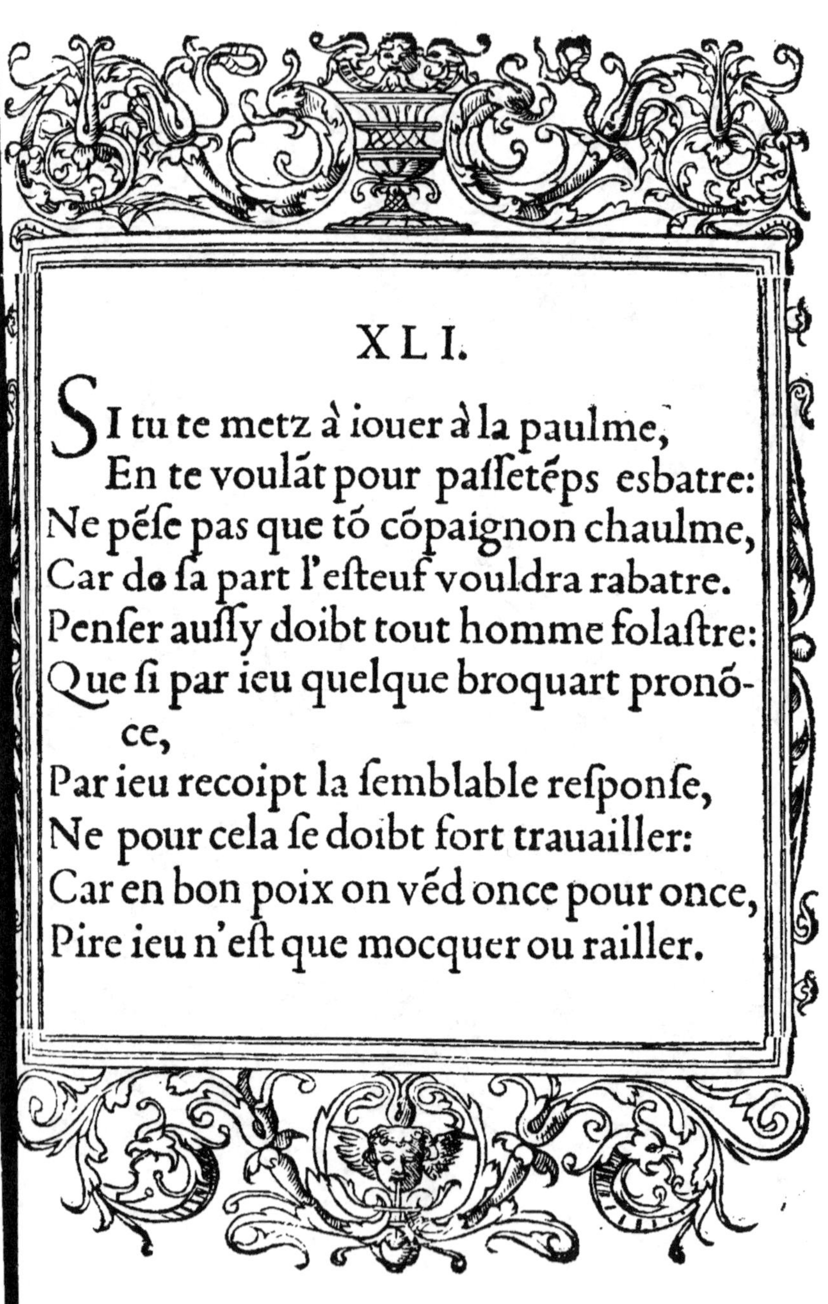

XL I.

SI tu te metz à iouer à la paulme,
En te voulãt pour paſſetẽps esbatre:
Ne pẽſe pas que tõ cõpaignon chaulme,
Car de ſa part l'eſteuf vouldra rabatre.
Penſer auſſy doibt tout homme folaſtre:
Que ſi par ieu quelque broquart pronõce,
Par ieu recoipt la ſemblable reſponſe,
Ne pour cela ſe doibt fort trauailler:
Car en bon poix on vẽd once pour once,
Pire ieu n'eſt que mocquer ou railler.

XLII.

SImplicité, ſelon le temps qui court,
Eſt des meſchans reputée pour vice
Expreſſement entre flateurs de court,
Mis & plongez au gouffre de malice.
L'hõme fort ſimple eſt reputé pour nice.
Qui neveult eſtre auiourdhuy cauilleux
Sera tenu, pauure, meſchãt, poilleux:
Pour ſe veſtir n'aura ne draps ne linges,
Qui ſuyt la court en ce temps perilleux,
Eſt comme l'aſne entre vng trouppeau
de cynges.

XLIIII.

Contre le vent & la grãde tempeste
La main de l'hõme a valeur & puissance:
Pour quelque flot la galere n'arreste,
Mais au moyen des galiotz s'aduance.
Tormẽt ne peult aux bõs faire greuãce,
Pourueu qu'ilz soiẽt de cõstãce garnyz:
Nobles espritz, de prudence munis
Ne craignẽt mort, ne mauuaise aduẽture
Les bõs n'õt peur d'estre blecez & puniz
Constant vouloir soulaige leur nature.

G

XLIIII.

IAmais ne faict vng bon pescheur d'ã-
guilles,
Fort bien son cas, s'il n'a leaue troublée:
Iamais ne sont, sans discordes ciuiles,
Les fins larrons, gras & riches d'emblée:
Le tẽps de bruyt, & muttine assemblée,
Pour gẽs meschãs, est serein & propice:
C'est la saisõ qu'ilz sõt mieux leur office
Il n'y a tẽps en l'an qui plus leur plaise.
En temps de paix, de cõcord & iustice,
Pauures meschãs, ne sõt pas à leur ayse.

XLV.

FLateurs de court, font par leur beau deuis,
Pis mille fois que nõ pas les courbeaulx:
Car le flateur deuore les corps vifz,
Cõtrefaisant propos mygnõs & beaulx:
Mais le corbeau ne cerche les morceaux
Que sur corps mortz ou puãte charõgne
Le faux flateur tousiours le vif époigne,
Pour à la fin le rendre pauure & mince:
De tel babil, & de si fainćte troigne,
Se doibt garder le bon & saige prince.

XLVI.

QVi l'os à L'aſne, & au chien donne paille,
Mõſtre qu'il n'a en luy grãde ſaigeſſe:
Car ce qu'il fault à l'ung à l'aultre baille
En declarant ſa follie & ſimpleſſe.
Au tẽps preſent voyons telle rudeſſe,
Que gens ſcauans viuent en indigence:
Les ignorans ont honneur & cheuãce,
Ce que deburoit eſtre tout le contraire.
Plus que iamais (c'eſt vne grãd meſchã-ce)
A pauureté doctrine eſt tributaire.

XLVII.

SI fort le Singe embrasse ses petitz,
Qu'en ẽbrassant il leur liure la mort:
Aulcuns peres ont si sotz appetitz
A leurs ẽfans, que grãd malheur en sort:
Par les cherir de folle amour, trop fort
Dissimuler, souffrir leur insolence,
Aduiẽt que quãd ilz sont sortis d'ẽfance
Se font punir de maulx incorrigibles:
Lors n'est pas temps que l'on leur crie & tence
Quãd ilz sõt cheutz en accidẽs terribles.

XLVIII.

BAcchus voulãt Hercules cõtrefaire
Se reueſtit de la peau d'ung lyon,
Mais il ne ſceut ſi bonne trouigne faire,
Que de brocardz il n'euſt vng million.
Il ne fault point, ſelon l'opinion
Des anciens, ſon naturel deffaire:
Le fol peult bien du ſaige contrefaire,
Mais qu'au parler ne ſe mõſtre eſtre ſot:
Le foyble auſſi peult biẽ du vaillãt faire,
Et triũpher, mais qu'on ne luy dye mot.

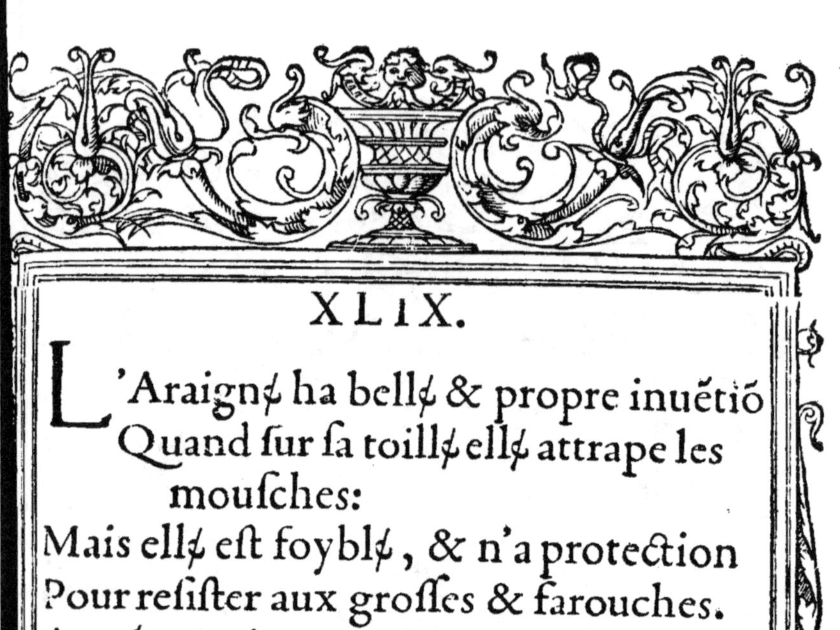

XLIX.

L'Araignɇ ha bellɇ & propre inuẽtiõ
Quand ſur ſa toillɇ ellɇ attrape les mouſches:
Mais ellɇ eſt foyblɇ, & n'a protection
Pour reſiſter aux groſſes & farouches.
Au tẽps qui court, gros ne craingnẽt les touches,
La loy n'a lieu que ſur pauurɇ indigẽce,
Les riches ont de mal faire licence:
Pauureté n'a iamais le vent à voile.
Qu'ainſi ne ſoit: on void par euidence,
Que groſſe mouſchɇ abbat legiere toile.

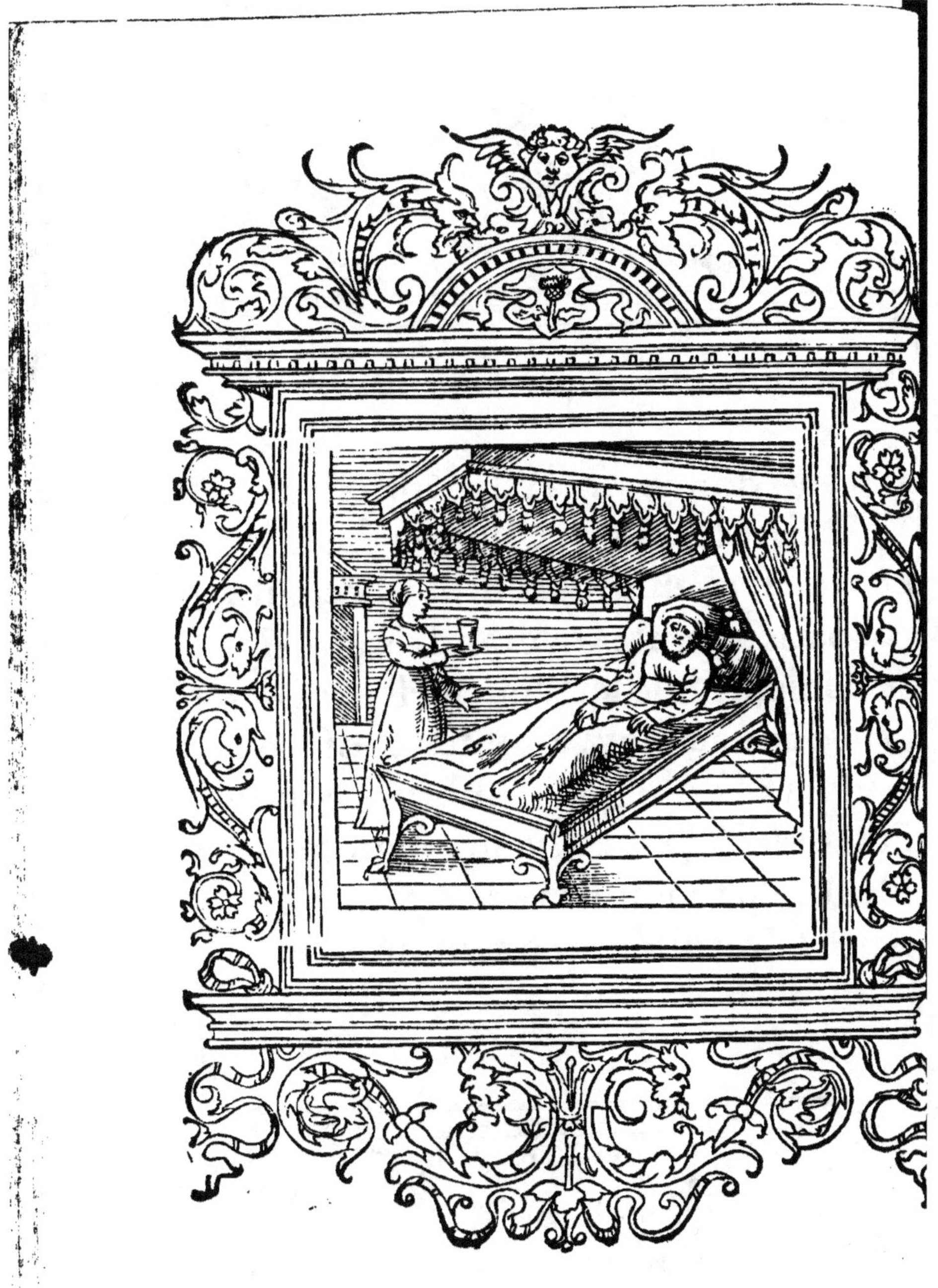

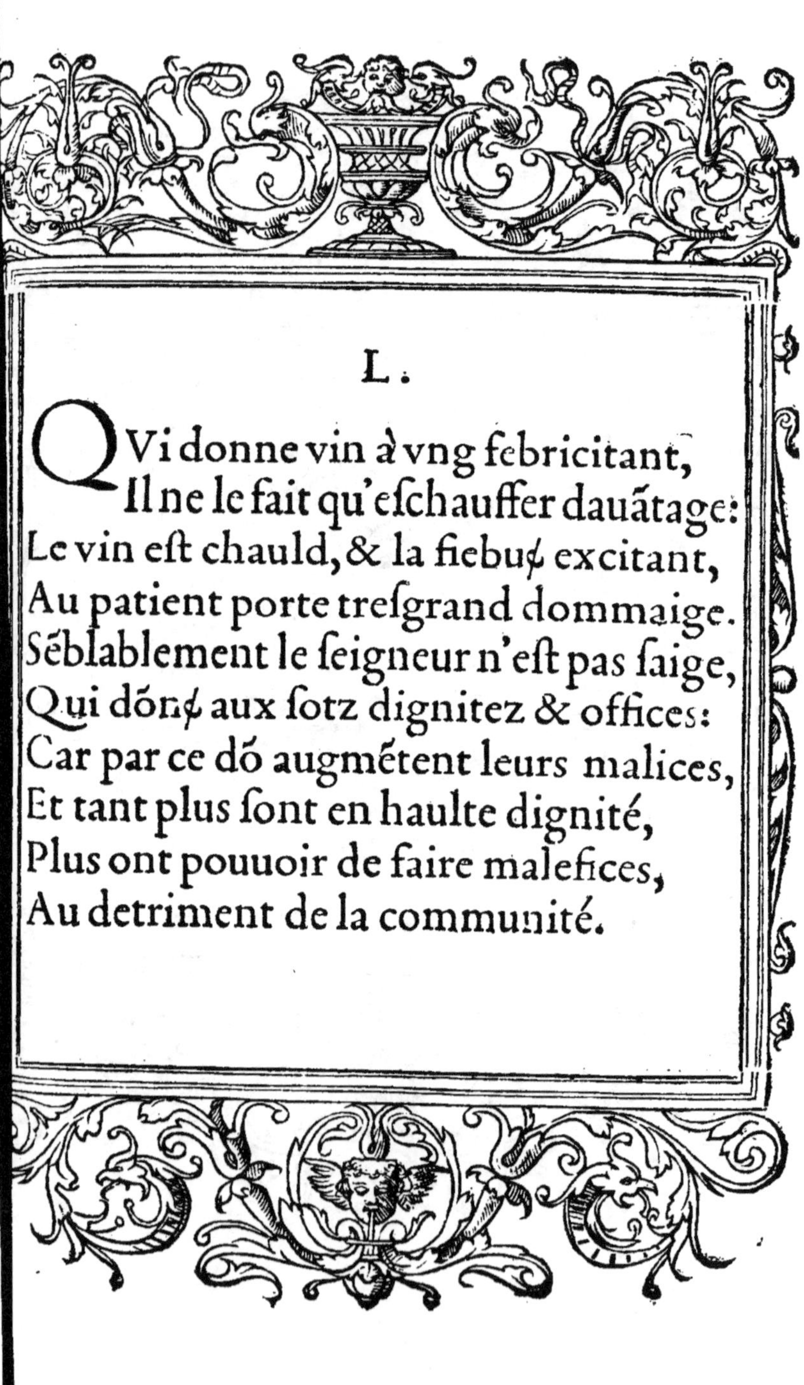

L.

QVi donne vin à vng febricitant,
Il ne le fait qu'eſchauffer dauãtage:
Le vin eſt chauld, & la fiebuꝛ excitant,
Au patient porte treſgrand dommaige.
Sẽblablement le ſeigneur n'eſt pas ſaige,
Qui dõnꝛ aux ſotz dignitez & offices:
Car par ce dõ augmẽtent leurs malices,
Et tant plus ſont en haulte dignité,
Plus ont pouuoir de faire malefices,
Au detriment de la communité.

LI.

LE pelerin en abus trop se fonde,
Qui soubz couleur de sainct peleri-
naige
Pense abuser dieu, la court & le monde:
Portât le signe & croix du saîct passaige:
Qui cõtinue en ce train n'est pas saige,
Apres qu'aura cheminé mer & terre,
De Colicuth iusques en Engleterre,
Encor fault il qu'en vng point s'esuertue
Bourdon volant, se doibt tenir en serre,
Et sur la fin faire pas de Tortue.

H.

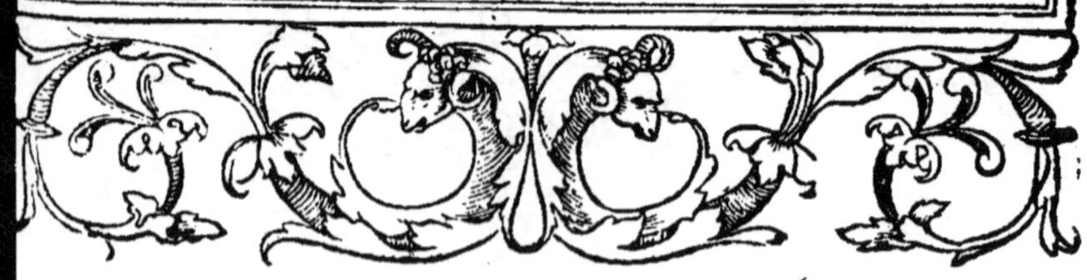

LII.

A Grand regret & piteulx descôfort,
L'aigle se plaict cõme mal fortunée
Quand d'une flesche on l'a frappée à
mort,
Laquelle fut de sa plume empennée.
La personne est bien de malheure née,
Qui de son mal donne l'occasion,
Et qui cause est de sa destruction,
Pourvn seul coup double douleur recoit
Auoir fault donc ceste discretion,
D'oster de nous cela qui nous decoit,

Hii.

LIII.

PEtite tasche ou macule en la face
On voit plus tost, que grãde dans le
corps:
Le visaige est ouuert en toute place,
Le corps caché n'est veu que par dehors.
Par cest embleme estre pouuõs recordz,
Qu'ũg petit vice on note plus au prince
Que l'õ ne faict vn grãd en hõme mice.
En bas estat, vices sont incongneuz.
Roys ou seigneurs de citez ou prouince,
S'ilz sont meschãs, sont prõptemẽt con-
gneuz.

H iii.

L IIII.

QVand l'oyſeleur veult force oyſe-
letz prendre,
Il fainct ſa voix auec quelque inſtrumẽt
Au ſon duquel vers luy ſe viẽnent rẽdre
Par ce moyen les prent facilement.
Flateurs de court ſont tout ſẽblablemẽt,
Pour attirer les princes en leurs laqs:
Car pour cõplaire & leur dõner ſoulas,
Cẽt fois le iour changent de contenãce:
Mais quãd le prĩce eſt cõtraict dire helas:
Il eſt trop tard d'en auoir cõgnoiſſance.

LV.

CE que le fol veult faire tout d'ung
coup,
Le ſaige faict par moderation:
Fol ſe haſtant ne ſ'aduance beaucoup.
Saige attendant vient à perfection.
L'homme brutif de ſa complexion
Penſe ſoubdain le cheual eſcorcher,
Et tout d'ũg coup la queue luy arracher
Mais il ſ'abuſe, & y pert temps & force:
Car il la fault poil à poil deſtaſcher.
On dit ſouuent qu'eſprit vault mieulx
que force.

LVI.

QVãd le corbeau degloutit le serpẽt,
Au goust luy semble vng succre ou venaison:
Mais puis apres grandemẽt s'en repent,
Car le bõ goust tost se tourne en poison.
Il fault menger & boyre par raison,
Et soy garder de suffocquer nature:
Boire & manger sans raison ou mesure,
Gaste à la fin la santé du marchant.
La gueulle faict plus de desconfiture,
Que ne faict mars de son glaive trẽchãt.

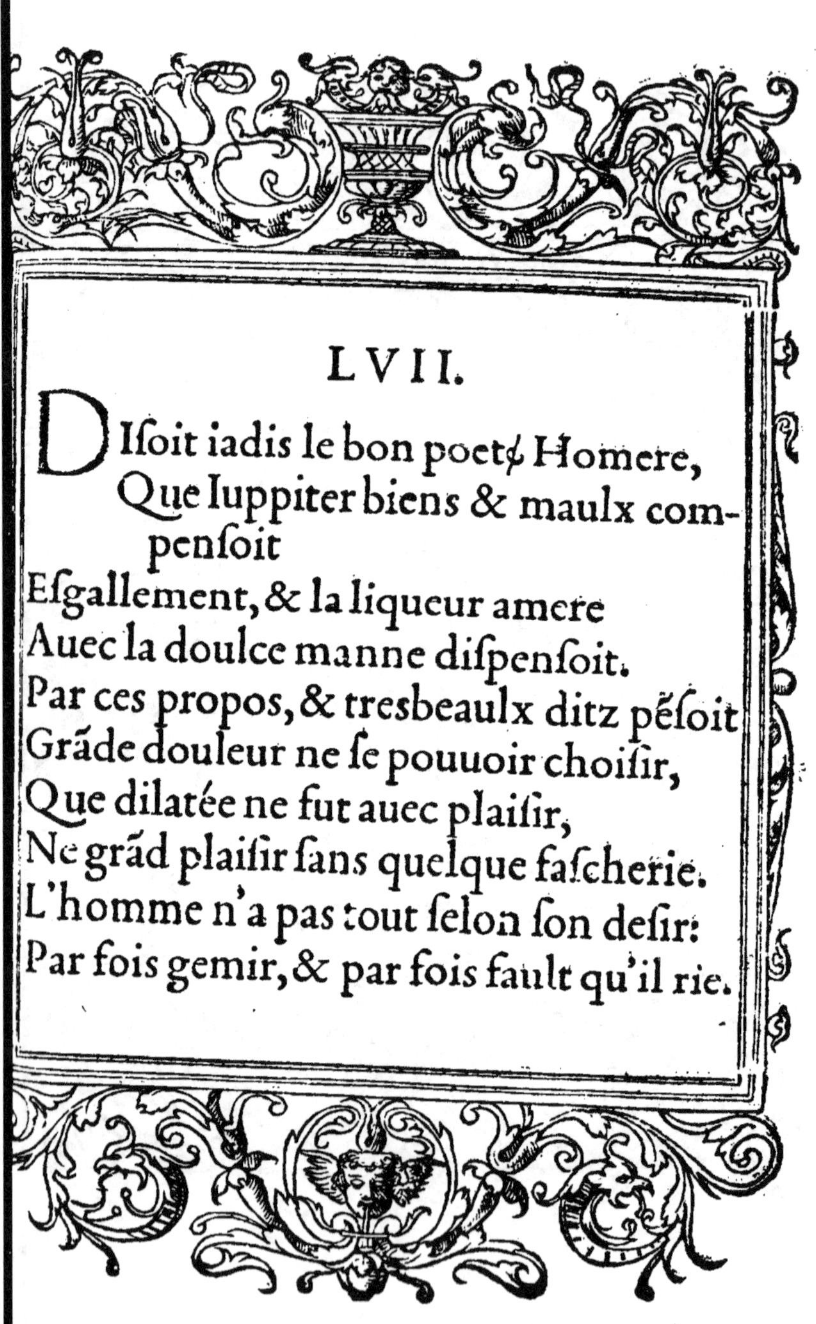

LVII.

DIsoit iadis le bon poetę Homere,
Que Iuppiter biens & maulx compensoit
Esgallement, & la liqueur amere
Auec la doulce manne dispensoit.
Par ces propos, & tresbeaulx ditz pẽsoit
Grãde douleur ne se pouuoir choisir,
Que dilatée ne fut auec plaisir,
Ne grãd plaisir sans quelque fascherie.
L'homme n'a pas tout selon son desir:
Par fois gemir, & par fois fault qu'il rie.

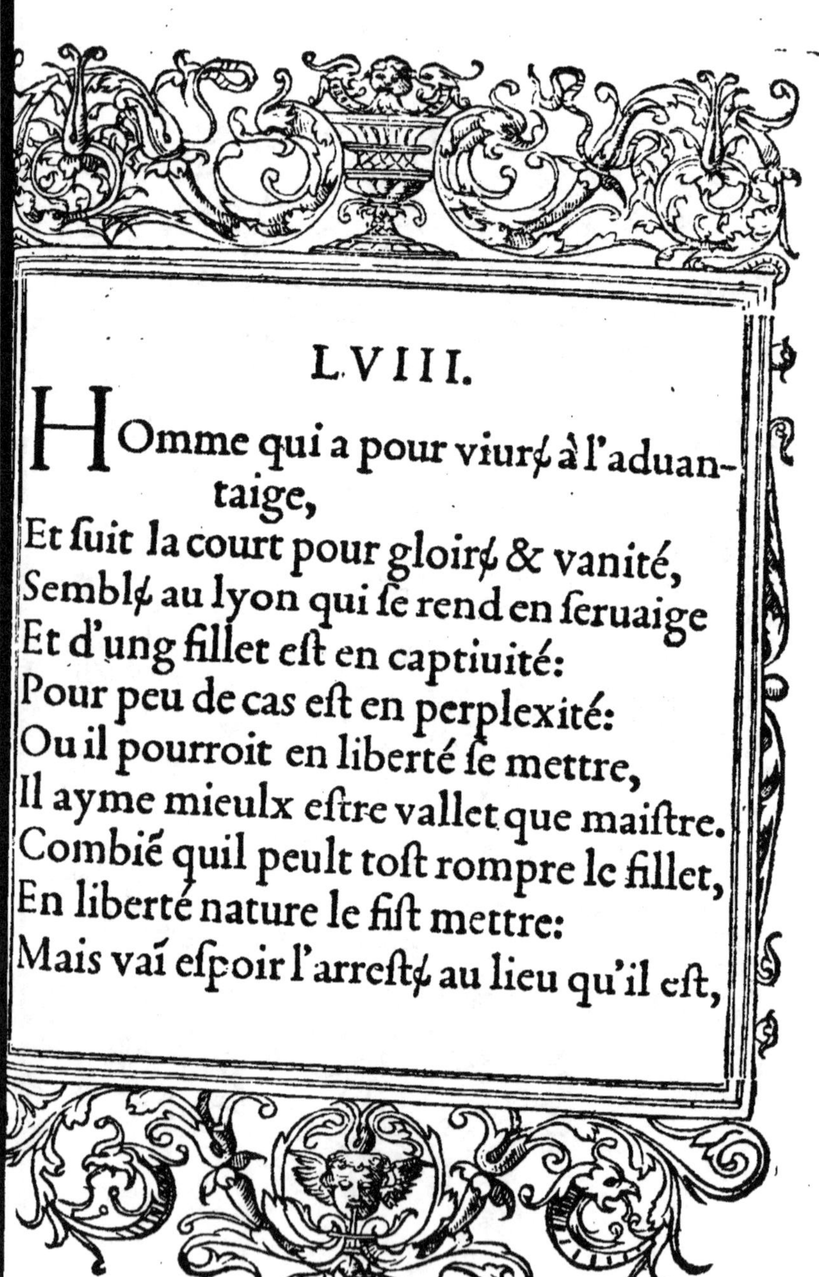

LVIII.

Homme qui a pour viure à l'aduantaige,
Et ſuit la court pour gloire & vanité,
Semble au lyon qui ſe rend en ſeruaige
Et d'ung fillet eſt en captiuité:
Pour peu de cas eſt en perplexité:
Ou il pourroit en liberté ſe mettre,
Il ayme mieulx eſtre vallet que maiſtre.
Combiẽ quil peult toſt rompre le fillet,
En liberté nature le fiſt mettre:
Mais vaĩ eſpoir l'arreſte au lieu qu'il eſt,

LIX.

IL n'est pas tẽps de iouer aulx eschetz,
Lors que le feu te brusle ta maison.
lors que noz cueurs de douleur sõt tachez
Musicque & ieux ne sont pas de saison.
Si nous auons negoces à foison,
Fault qu'aulx plus grandz venons à droi
cte luycte:
Il n'est pas tẽps d'en faire la poursuyte.
Ne quand c'est faict, dire, dõnons dedãs.
Rayson nous a baillé sens & conduicte,
Pour obuier aulx futurs accidens.

I.

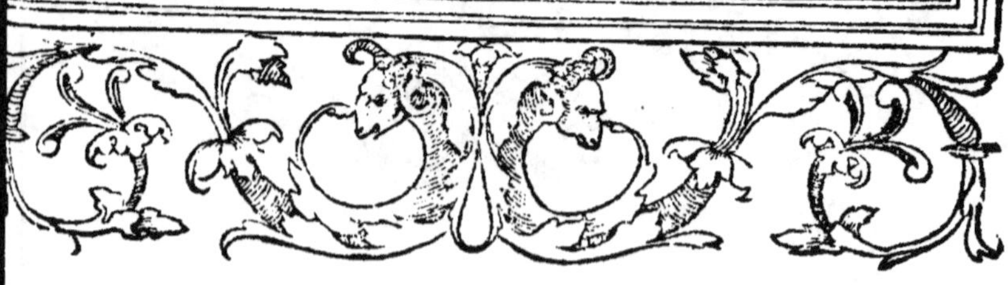

LX.

QVi d'une maſque penſe faire grãd peur
Au fier Lyon, a peu d'intelligence:
Car le Lyon a ſi hault & gros cueur,
Qu'a l'eſtõner fault biẽ aultre puiſſãce.
Semblablement aulcuns par inſolence,
Penſent les gens eſtonner de parolle:
Mais tout ſoubdaĩ eſt acheué leur rolle:
Car leurs effectz ne cõſonnẽt aulx dictz.
Vaine iactance & menace friuole,
N'esbahirõt iamais les cueurs hardiz.

L X I.

L'Homme coulpable, ou bien noté de crime,
Se void pareil au liepure en tous propos.
Qui a le cueur tousiours pusillanime:
Et ne peult pas dormir de bon repos,
Tousiours craĩdra que viẽnẽt les supostz
Pour le liurer aulx mains de la iustice.
L'hõe innocẽt, pur, & net de tout vice,
Ne craĩt l'assault des malings & peruers.
Le liepure monstre à gens de malefice
Qu'il leur cõuient dormir les yeulx ouuertz.

LXII.

AMour apprend les aſnes à dancer,
Et les lourdaulx faict deuenir mu-
guetz:
Pigner les faict, farder, & agencer,
Par le moyen de ſes ſubtilz aguetz.
Aulx endormiz il faict faire les guectz.
Ruſticité tranſmue en gentileſſe:
Car ſans cela que de ſon traict les bleſſe,
Leur vilanie il conuertiſt en grace.
Cymon iadis en receupt telle adreſſe,
Cōme l'on ligt aulx eſcriptz de Boccace.

I iiii.

LXIII.

QVel eſt le nō de la preſent ymage?
Occaſion, ce nōme pour certain.
Qui fut lautheur? Lyſipus fiſt l'ouurage:
Et que tient elle? vng raſoir en ſa main.
Pourquoy? pourtāt que tout trāche ſoubdain.
Elle a cheueulx deuāt, & non derriere?
Ceſt pour mōſtrer quelle tourne ē arriere
Sō fault le coup quād on la doibt tenir.
Aulx talons a des eſles? car barriere
(Quelle que ſoit) ne la peult retenir.

LXIIII.

SVr greſle corps, la teſte de geant
Ne cõuiẽt pas, & ſoubz grãde ſtature
Vng petit chef y ſeroit mal ſeant.
Proportion faict belle la nature,
Ne fault tenir ſote la crature,
Pourtant ſ'elle ha petite & ronde teſte.
Ne fault tenir l'hõme pour groſſe beſte:
Pourtant ſ'il ha le chef gros comme vng veau:
Mais qu'il y ayt proportion au reſte.
Le trop gros chef ne faict pas le cerueau.

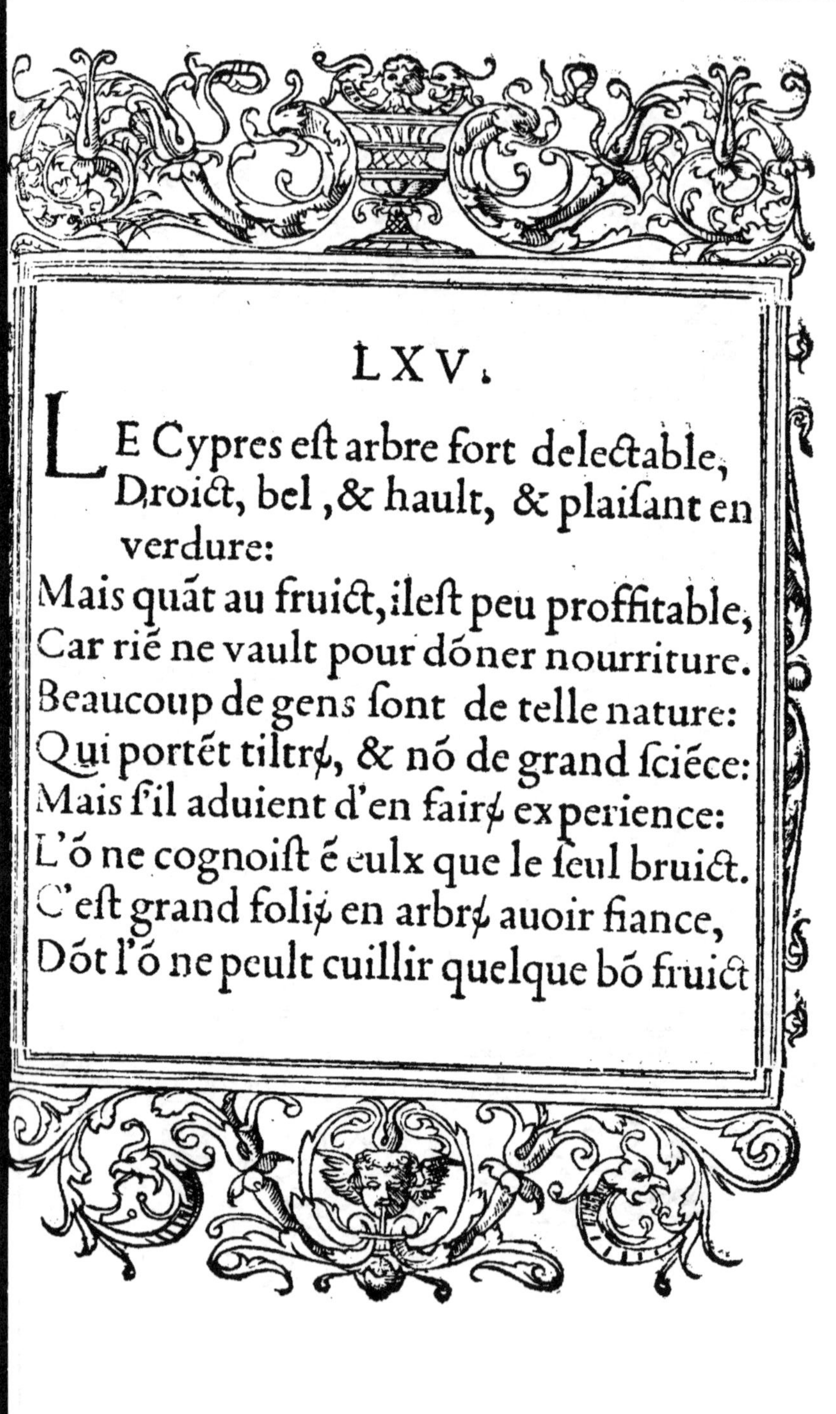

LXV.

LE Cypres eſt arbre fort delectable,
Droict, bel, & hault, & plaiſant en verdure:
Mais quāt au fruict, il eſt peu proffitable,
Car riē ne vault pour dōner nourriture.
Beaucoup de gens ſont de telle nature:
Qui portēt tiltre, & nō de grand ſciēce:
Mais ſ'il aduient d'en faire experience:
L'ō ne cognoiſt ē eulx que le ſeul bruict.
C'eſt grand folie en arbre auoir fiance,
Dōt l'ō ne peult cuillir quelque bō fruict

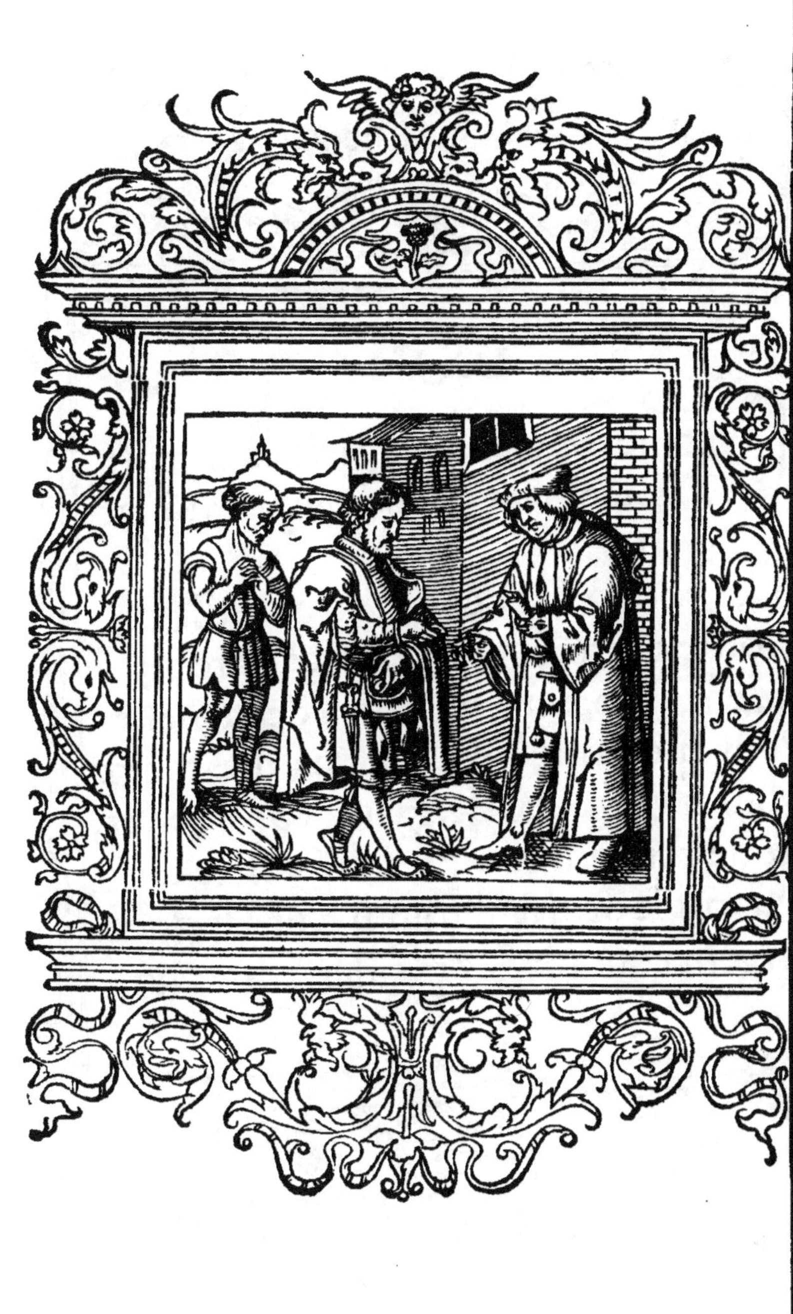

LXVI.

Praticiés ont les maīs pleines d'yeulx,
Et voient cler quād on leur faict largesse.
Si les voulez faire croire en voz dieux,
Mōstrezde quoy nusez poīt de promesse
Ilz en lairroient à voir dieu de la messe
Pour époigner, quād on leur dit, tenez:
Mais si vers eulx desgarny vous venez,
Ilz ne peuuent comprendre vostre cas,
Du tort le droict feront si leur donnez.
Argent contant fait plaider aduocatz.

LXVII.

L'Hõme constant est semblable a l'enclume,
Qui des marteaulx ne craĩct la violẽce.
Cueur vertueux est de telle coustume,
Que de malheur ne doubte l'insolence:
Ne craint fureur, yre, maleuolence,
Contre tous maulx est prõpt a resister:
Pour quelque effort ne se veult desister
De paruenir en honneur & prouesse.
Constance faict le saige persister
En son entier, & conquester noblesse.

K.

LXVIII.

IEuneſſe ſiet ſur vne bille ronde,
Prenant esbat a cribler le beau temps:
Son ſiege rond muable comme l'onde,
Mõſtre qu'elle a ſes vouloirs incõſtãtz.
Les ieunes gens ne ſont gueres contens
De trauailler, ſinon à leurs deſirs:
N'eſtiment pas les faſcheulx deſplaiſirs,
Et le danger qui a pres ſ'en enſuyt.
Pẽſer ne fault tãt aulx mõdains plaiſirs,
Que ne voyons que vieilleſſe nous ſuyt.

LXIX.

LE Dromedaire, ou bien mieulx le
Chameau
Ne boit iamais en fleuue nettement:
Quãd boire veult de sõ pied trouble leau
A son plaisir ne beuroit aultrement.
De nostre tẽps plusieurs semblablemẽt,
Vrais heritiers de la vieille asnerie,
Ayment plustost la rude barbarie,
Du tẽps des gotz que la doulce eloquẽce
Et sont plongez en telle resuerie,
Qu'estre eloquent reputent à meschãce.

LXX.

COmmẽt peulx tu nager biẽ à tõ aiſe
Chargé de fer quand nud te conuient eſtre?
Trouueras tu iamais homme qui ſ'aiſe,
A ſon plaiſir, ſi de ſõ corps n'eſt maiſtre?
Si vain eſpoir te lie en ſon cheueſtre:
Te rendant ſerf pour honneur terrien.
Queſt ce apres tout de tõ faict? moĩs que (riẽ:
Car attẽdãt quelque biẽ trãſitoire,
Suyuãt la court ſeras plus ſerf qu'ũg chiẽ
Et ſi verras ton eſpoir fruſtratoire.

K iiii.

LXXI.

ADuiſe biẽ que le tẽps ne t'eſchappe:
Il a bonne aele & vole agilement.
Mieulx te vauldroit perdre ſayon & cappe,
Que le laiſſer eſchapper ſottement:
Employe lé, doncques honneſtement:
Car ſ'il ſ'ẽ fuyt l'attaindre eſt impoſſible,
Penſe auſſi bien qu'il ne t'eſt pas loiſible
Le conſumer en faiſant groſſe chere:
Si tu le perdz, ne te ſera poſſible
De recouurer vne choſe ſi chere.

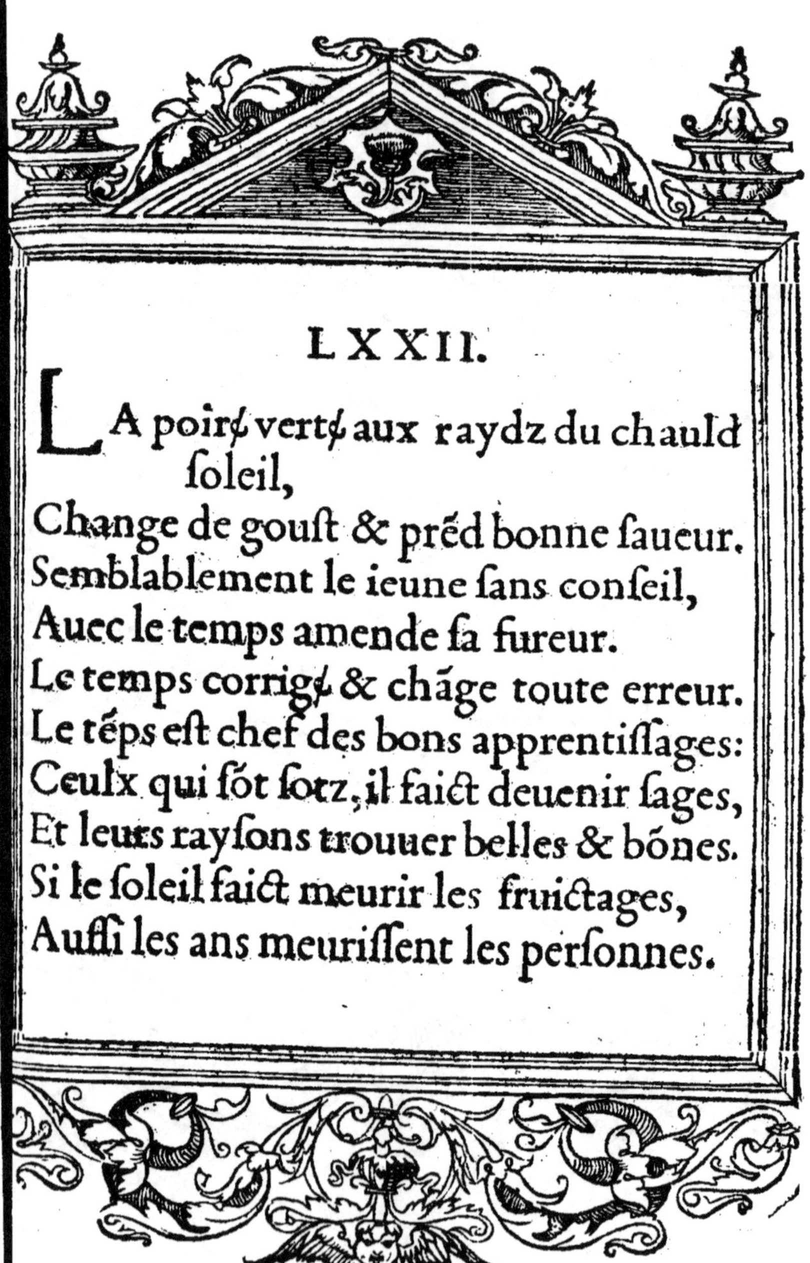

LXXII.

LA poire verte aux raydz du chauld
ſoleil,
Change de gouſt & prẽd bonne ſaueur.
Semblablement le ieune ſans conſeil,
Auec le temps amende ſa fureur.
Le temps corrige & chãge toute erreur.
Le tẽps eſt chef des bons apprentiſſages:
Ceulx qui ſõt ſotz, il faict deuenir ſages,
Et leurs rayſons trouuer belles & bõnes.
Si le ſoleil faict meurir les fruictages,
Auſſi les ans meuriſſent les perſonnes.

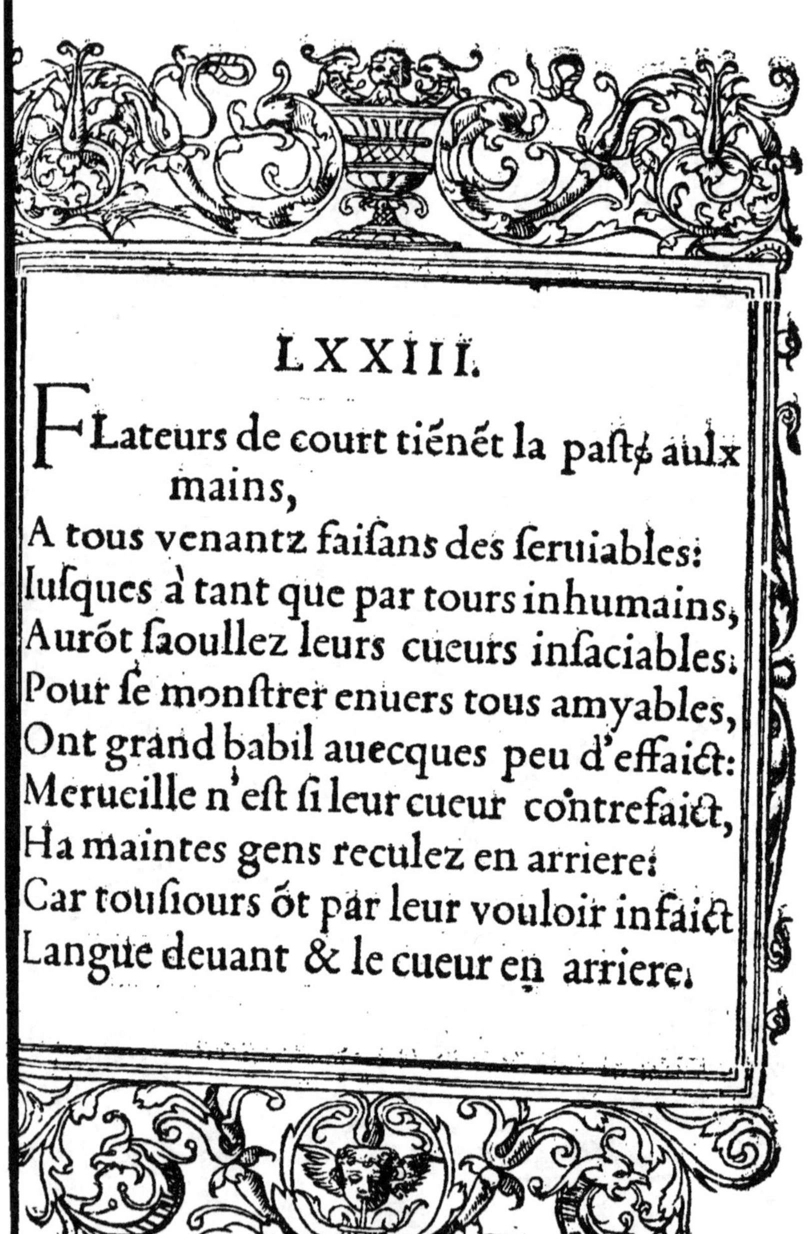

LXXIII.

FLateurs de court tiẽnẽt la paſte aulx mains,
A tous venantz faiſans des ſeruiables:
Iuſques à tant que par tours inhumains,
Aurõt ſaoullez leurs cueurs inſaciables:
Pour ſe monſtrer enuers tous amyables,
Ont grand babil auecques peu d'effaict:
Merueille n'eſt ſi leur cueur contrefaict,
Ha maintes gens reculez en arriere:
Car touſiours õt par leur vouloir infaict
Langue deuant & le cueur en arriere.

LXXIIII.

POur essayer si le pot est fendu,
Nous y versons de l'eau à l'aduẽture,
Non pas du vin, car il seroit perdu
Si le vaisseau auoit quelque fracture:
Cecy nous donne expresse coniecture,
Que quand voulons prouuer vng estrã-
ger,
Dire luy fault quelque secret leger,
Pour cognoistre s'il est sobre en lãgage:
D'ung grãd secret serions trop en dãger,
S'il aduenoit qu'en parler fust volage.

LXXV.

SI les lyõs que l'on pẽd en Affricque,
Font grand frayeur & peur à leurs
ſemblables:
N'aura pas peur vng gros larrõ publique,
Ou threſorier de ſes faictz execrables?
Maĩtz en ſõt mortz au gibet miſerables,
Et les plus grans ont commencé la dãce:
Gardẽt ſoy donc pour peur de la cadẽce,
leurs ſucceſſeurs d'eſtre cõe eulx meſchãs:
Car aultremẽt hault en plaine euidence
Serõt logez comme eueſques des chãps.

L

LXXVI.

L'Homme trop ſot en tous ieux ſe hazarde,
Ne penſe au mal qui en pourroit venir:
Main liberalle au ieu qui n'y prẽd garde,
En pauureté faict l'homme deuenir:
Doncques la fault lyer & retenir,
Pour conſeruer le bien en bons vſages:
car le ieu met l'hõe ẽ faſcheux naufrages
Et bien ſouuent en mortel deſeſpoir.
Les grãs meſchefz & dãgereux paſſages
Qui en viẽnent nous ſeruent de miroir.

LXXVII.

QVi plus mettra dans le crible d'a-
mours,
Plus y perdra, car choſe n'y profitte:
Le temps ſi pert, biens, bagues & atours,
Sa douleur eſt en tout amer confitte.
Folle ieuneſſe & franc vouloir incite
A tel deſduict deſpendre groſſe ſomme:
Sur ce pẽſer doibuent biẽ ieunes hõmes,
Que de ce fait meilleurs n'ẽ peuuẽt eſtre
Et quãd naurõt le vaillãt de deux põmes
Ne ſera temps leur erreur recognoiſtre.

LXXV.III.

FEmmes en nefz ne sont iamais com
plies,
Cest vne chose ou l'on doibt bien pēser,
Quād on les cuyde auoir du tout rēplies
C'est lors le tēps qu'il fault recōmencer.
Vous les pourriez cēt fois mieulx agēcer
Qu'a la parfin vous serez à refaire:
Cest grosse charge &trop peneux affair:
Voire plusgrand encores qu'ō n'estimee
Heureulx seroit qui s'ē pourroit deffaire,
Ou se garder d'entrer en tel abysme.

LXXIX.

POur follẽ amour les supostz de Venus
Ont des dangers à milliers & à cés:
Les vngs en sont malheureulx deuenus,
Aultres en ont du tout perdu les sens.
Plusieurs autheurs en termes condecens
De cẽ ont escript exẽples d'importãce.
Gardons nous dõc de sa follẽ accoĩtãce,
Si ne voulons endurer grandz alarmes:
Car à la fin soubz feu de repentance,
Voyez amour distiller eau de larmes.

LXXX.

LE fruict d'amours eſt dur, mol, ſec,
& vert:
Legier, peſãt, doulx, amer, froid & chault
Secret, commun, affable, deſcouuert,
Triſte, ioyeulx, cler, obſcur, bas & hault:
L'ung iour preſent, lẽdemaĩ en deffault,
Plein de rigueur, abbreué de mercy,
Rude, amyable, en esbat & ſoucy:
Source d'aduerſe, & de bonne fortune,
Maigre, & reffaict, greſle, gros, gay, trãſi,
Droict & tortu, conſtant cõme la lune.

LXXXI.

CVpido ſcait enter iuſques au bout,
Et ſe delecte en faict de iardinage:
Et que plus eſt, ſon ente prend ſur tout:
Dõt eſt produict diuers fruict & ſauuage
Touſiours trauaille & pourſuyt ſon ou-
urage,
Sur tous vergers il obtient la regence:
Il n'eſt iamais noté de negligence:
Ne laſcheté aumoins qu'õ le cognoiſſe.
Il eſt expert & plein de diligence:
Mais en tout arbre ente poirier dãgoiſſe.

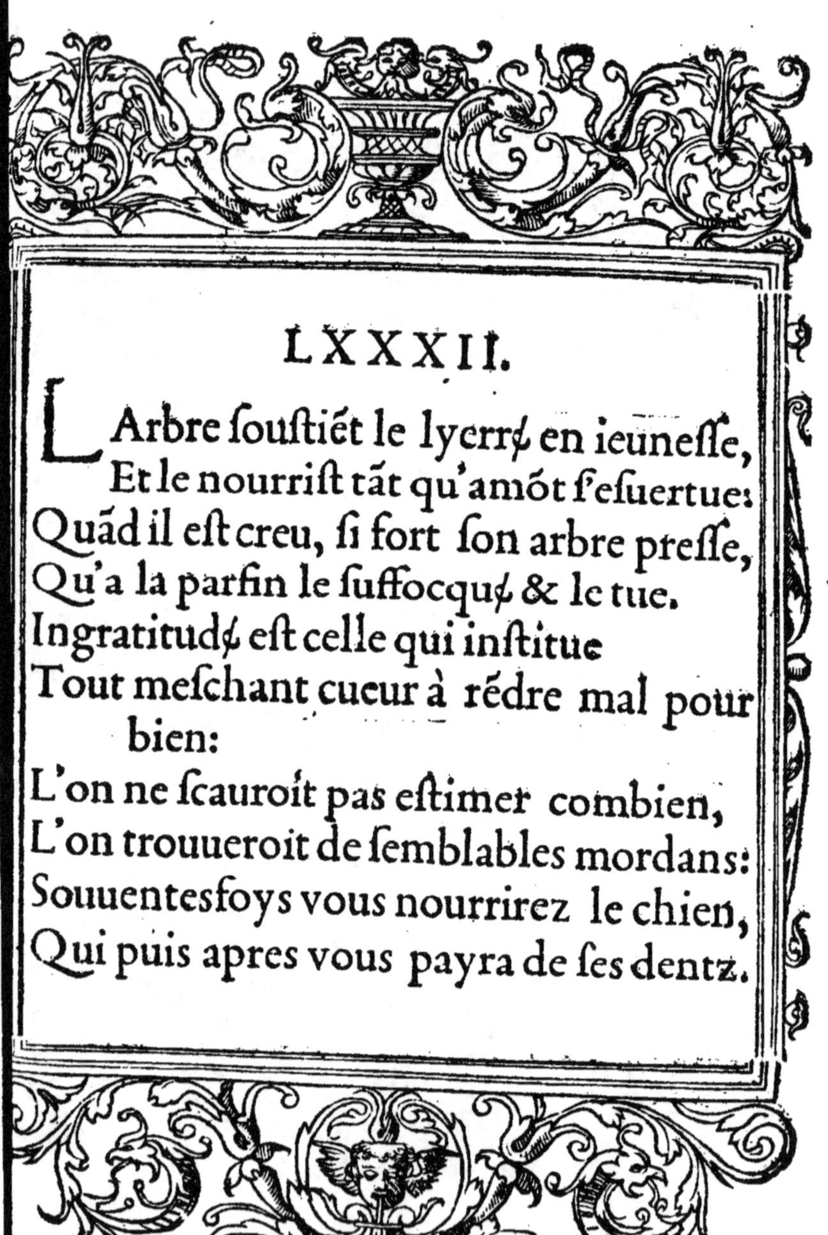

LXXXII.

Larbre ſouſtiēt le lyerre en ieuneſſe,
Et le nourriſt tāt qu'amōt ſ'eſuertue:
Quād il eſt creu, ſi fort ſon arbre preſſe,
Qu'a la parfin le ſuffocque & le tue.
Ingratitude eſt celle qui inſtitue
Tout meſchant cueur à rēdre mal pour
bien:
L'on ne ſcauroit pas eſtimer combien,
L'on trouueroit de ſemblables mordans:
Souuentesfoys vous nourrirez le chien,
Qui puis apres vous payra de ſes dentz.

LXXXIII.

LEs habitans de Phœnice gens ſage
Firent iadis faire tel pourtraicture:
Et la dreſſer en eminent eſtage,
Pour apparoiſtre à toute creature:
Signifiant par ycelle paincture,
Que prudét eſt qui ſoymeſme ſe picque:
Par le ſerpét faict en forme ſphericque,
Nous en auons expreſſe demonſtrance:
Au monde n'eſt plus ſeure theoricque,
Que de ſoymeſme auoir la cognoiſſan
ce.

M

LXXXIIII.

LAustour pretend de perdrix faire proye,
Et bien souuent par les piedz il est prins:
Tel cuyde vaincre & puis crier mōt ioye
Quē lescarmouche est le premier surprins
Mainct cueur volage a souuēt entreprins
Menger le fer & mettre tout au bas:
Qui puis apres fault que porte le bastz,
Rongeant son frain cōme fol temeraire.
Tel est ardent à presenter combatz,
Qu'a la parfin est serf & tributaire.

LXXXV.

Vng gros canon chargé de peu de pouldre,
Ne peult pousser le boulet fort auant.
Mouli à voile õcques ne vistes mouldre,
Si d'ung soufflet on luy baille le vent:
Cestuy propos mõstre à hõme sçauant,
Qu'en toute chose il fault proportion.
Nature faict tout par discretion,
Comme maistresse & mere d'artifice.
L'homme rassis ayant instruction,
Chose ĩpossible oncques ne mist en lice.

LXXXVI.

Tout bon prelat doibt monstrer la lumiere
Sur le hault lieu, affin que tous la voyẽt:
S'ilz ne lefont ne suyuent la maniere
De tout bõ droict, aĩs de raisõ fouruoiẽt:
Quãd les plus grãs du droict chemin des
A leurs subiectz dõnent occasion uoiẽt
De faire mal, & pour l'abusion
Seront puniz au respect de leur reng,
Et tomberont en grand confusion:
Car des subiectz dieu requerra le sang.

LXXXVII.

EN mainct Poete on treuue maincte
fable,
Qui ceuure ẽ ſoy merueilleuſe doctrine:
Prenons en donc le bon & proffitable,
Et le mauluais iectons le cõme indigne.
Les poetes ont en eulx fureur diuine,
Leur eloquẽce eſt en tous lieulx famée:
Si leur licence eſt vng peu diffamée,
Pas n'en debuõs pourtant eſtre faſchez:
Car ſoubz la fueille en vigne fort ramée
Les doulx rayſins biẽ ſouuẽt ſõt cachez.

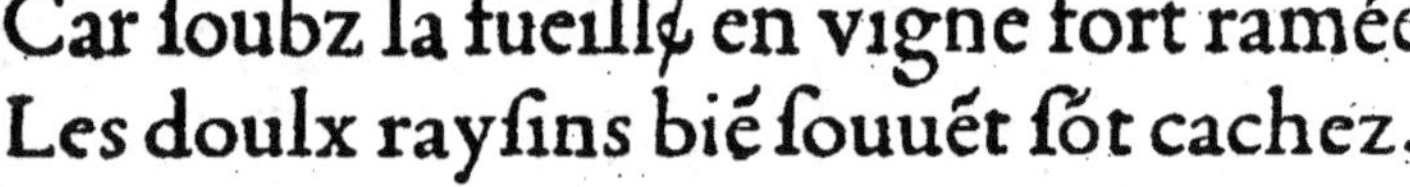

LXXXVIII.

SI tost se pert(en amours)foy de féme
Cóme láguille eschappe de la main:
Qui plus si fóde entre plus fort en game
Car sa cautelle excede engin humain.
Maíct bó autheur hebreu, grec & romaí
En a descript exemples memorables,
Nous recitát que plusieurs gés notables,
Se sont perdus en si meschans pourchas.
Les femmes sont en caquet tant affables
Qu'elles nous font prendre souriz pour chatz.

LXXXIX.

SI le soleil luyct au droict de ta teste,
Ton corps rendra nulle ou bien petite vmbre:
Si par enuie aduient qu'on te tempeste,
Ta grand vertu te gardera d'encombre:
Vertu reluict à raidz qui sont sãs nõbre,
Annichilant l'obscurité d'enuie.
Maulgré fortune, aura tousiours en vie
Cueur vertueux, hõneur, loz & support:
Et quand viendra que du mõde desuie,
Sera viuant en gloire apres sa mort.

LXXXX.

Lors que loyſeau ſ'enuole de ta maī,
Bien difficile en eſt la recouurance.
Lors qu'on profere vne parolle en vain,
Il n'eſt pas temps d'en auoir repentance.
L'on cognoiſtra d'ung homme l'inconſtance,
Par vng ſeul mot ou biẽ ſimple parolle:
Ce que l'ũg dict bien toſt à l'aultre vole,
Souuẽt en viẽt grãd reproche & dãger.
L'hõme diſcret pour biẽ iouer ſon rolle,
Se gardera de parler de leger.

XCI.

QVand Bucephal ſe cognoiſſoit bardé,
Si fier eſtoit que plus ne pouuoit eſtre:
Pour lors aulcun ne ſe fut hazardé,
Le cheuaulcher, reſerué ſon ſeul maiſtre:
Par ce pourtraict eſt dõné à cognoiſtre,
Que gẽs extraictz de quelque raſſe ĩfime
Si paruenir peuuent à groſſe eſtime,
Si fiers ſe font, qu'on ne les peult tenir.
Quãd pauureté mõte ẽ hõneur ſublime,
L'on ne la peult à peine retenir.

N

XCII.

PRince qui veult que ſa vertu fleurō
ne,
Et que ſō bruict ſoit en tous lieux famé:
Pour aſſeurer ſon ſceptre & ſa courōne,
Fault que des ſiens il ſoit crainct & amé.
Par ce moyen ſera bien reclamé,
Et des ſubiectz honnoré nuict & iour.
Le liepure crainct le chiē à grād amour.
Deux ennemys ferme paix entretiēnēt
Craīcte & amour tiēnēt Roys en ſeiour.
Liepures & chiēs les courōnes ſouſtiēnēt

XCIII.

BEndé doibt estre hôme qui se marie:
Car qui prẽd femme au souhaict de
ses yeulx,
Ou pour beaulté de sens trop varie,
Dont à la fin est melencolieux:
Les poĩgs liez doibt auoir pour le mieux
Car ne la doibt prẽdre pour sõ douaire.
L'hõe est bien fol & plus que temeraire,
Qui par les doigz ou yeulx prẽdra féme
Prẽdre on la doibt par loreille à biẽ faire,
C'est par bõ bruict, par bõ renõ & fame.

N iii

XCIIII.

PVces & poulz les corps mortz aban
donnent
Comme priuez de vitaile ſubſtance.
Semblablemēt les flateurs ne ſ'adonnēt
Fors qu'a ceulx la qui rēpliſſēt leur pāce:
Tādis qu'auras biēs, hōneurs ou cheuāce
Mille flateurs auras à ta maiſon:
Mais ſ'il aduient que change la ſaiſon:
Ou par malheur pauureté te tempeſte,
Ilz fouyront de toy comme poiſon,
En te laiſſant tout ſeul comme vne beſte.

N iiii

XCV.

EN reuenant ou allant à ta grange,
S'il aduenoit que tout ſubitement
Cheuſt tõ mulet au meillieu de la fange
Dont il ne peuſt ſortir facilement:
Que ferois tu ? vers dieu premierement
T'adreſſeras, implorant ſon ſecours:
Mais ce pendant qu'as à luy ton recours
Mectz y la main, auant qu'arreſter plus,
Releue le par la queue à plain cours,
Priant que dieu parface le ſurplus.

XCVI.

PLus tost pourras arrester le daulphin
Que refrener femme de cueur volage.
Combiẽ que soit l'homme subtil & fin,
Esprit de femme est rusé d'aduantage.
Femme ne veult estre tenue en cage,
Tousiours pretend à vsurper franchise:
Quand le mary la cuyde auoir submise
A sõ vouloir, pẽsant qu'il en soit maistre
En luy donnant du vent de la chemise,
L'aura soubdain bridé de son cheuestre.

XCVII.

Tant plus des piedz le saffrã est foulé,
Plus il florist & croist abondamment.
Cueur vertueux tant plus est affolé,
Et plus resiste à tout encombrement.
Vertu se preuue ẽ mal plus qu'aultremẽt
Elle florist en temps d'aduersité,
Si par malheur elle a perplexité,
Lors elle faict plus forte resistence.
Tant plus l'hõme est en douleur concité
Plus a besoing du pauoys de constance.

XCVIII.

QVi d'ignorance auoir vouldra re-
ſource,
S'il ne veult eſtre ydiot ou meſchant,
Doibt mediter & contẽpler que l'ourſe,
A ſes faons donne forme en leſchant.
Tout bõ ſcauoir ſe treuue en le cherchãt
Par artifice on a ciuilité.
L'eſprit humain par imbecilité
Des ſa naiſſãce eſt mal inſtruict & rude:
Mais l'on polit telle brutalité,
En luy baillant doctrine par eſtude.

XCIX.

BElone print vng chappeau de ſotte,
Se hazardãt de combatre Minerue.
En lieu d'eſpée ſaiſiſt vne marotte:
Mais tout à coup elle ſe rendit ſerue,
Mauluais cõſeil ſur toute choſe enerue
Princes & Roys, les rendant malheu-
reulx.
Minerue rend Monarches valeureulx
Folle Belone eſt bien toſt deſarmée.,
Au mõde n'eſt monſtre plusdangereux
Ne perilleux, qu'eſt vne folle armée.

O

C.

QVand Hercules apres plusieurs cõ
questes
Cuydoit auoir repos de ses labeurs,
Hydra suruint auecques ses sept testes:
Renouuelant ses trauaulx & douleurs.
Quand par vertu auons acquis hõneurs
Pensant auoir bonne paix assouuie,
Quelque meschãt suruiendra par enuie,
Pour nous dõner plus que deuãt affaire:
Tel trauail n'eust Hercules en sa vie,
Ne tel danger, que pour Hydra deffaire.

CI.

EN ce pourtraict pouuez veoir diligence,
Tenant en main le cornet de copie:
Elle triumphe en grand magnificence:
Car de pareſſe onc ne fut aſſoupie:
Deſſoubz ſes piedz tiẽt famine acroupie
Et attachée en grand captiuité:
Puis les formys par leur haſtiuité
Diligemment tirent le tout enſemble:
Pour demonſtrer qu'auec oyſiuité,
Impoſſible eſt que grãdz biẽs l'õ aſſẽble.

A ladicte tresillustre princesse L'autheur en concluant.

MA Dame, Diligence a si bien diligē té, qu'elle a mis fin à nostre (ou pour mieulx dire) vostre theastre: mais si n'a pas elle encor esté si diligente enuers moy, qu'elle maye eslargic quelque portiō de son cornet d'abondāce, attendant (cōe ie croy) vostre commandement. Sera dōc vostre bō plaisir, tresillustre princesse, luy commander m'en faire participant. Et semblablemēt qu'elle aye à tenir si estroictement lyée & enchesnée sa prisonniere famine, qu'elle ne puisse doresnauant me venir troubler ou menacer en ma librairie: & ce faisant, metterez tousiours à l'aduantage enuers dieu, infalible remunerateur de tous actes vertueulx, lequel prie, apres le cours de ceste vie mortele, vous assigner au reng des bien heureulx, eternelle felicité.

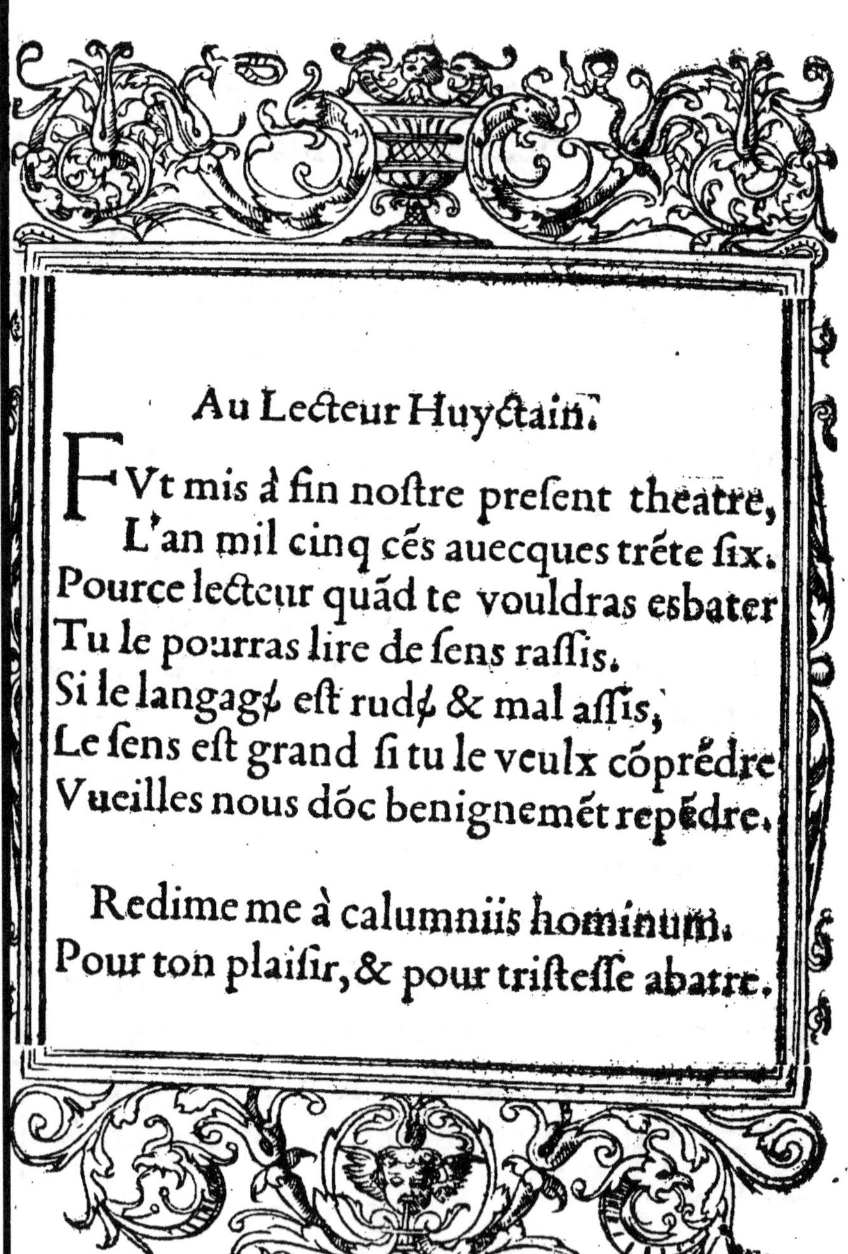

Au Lecteur Huyctain.

FVt mis à fin nostre present theatre,
L'an mil cinq cēs auecques trēte six.
Pource lecteur quād te vouldras esbater
Tu le pourras lire de sens rassis.
Si le langage est rude & mal assis,
Le sens est grand si tu le veulx cōprēdre
Vueilles nous dōc benignemēt repēdre.

Redime me à calumniis hominum.
Pour ton plaisir, & pour tristesse abatre.

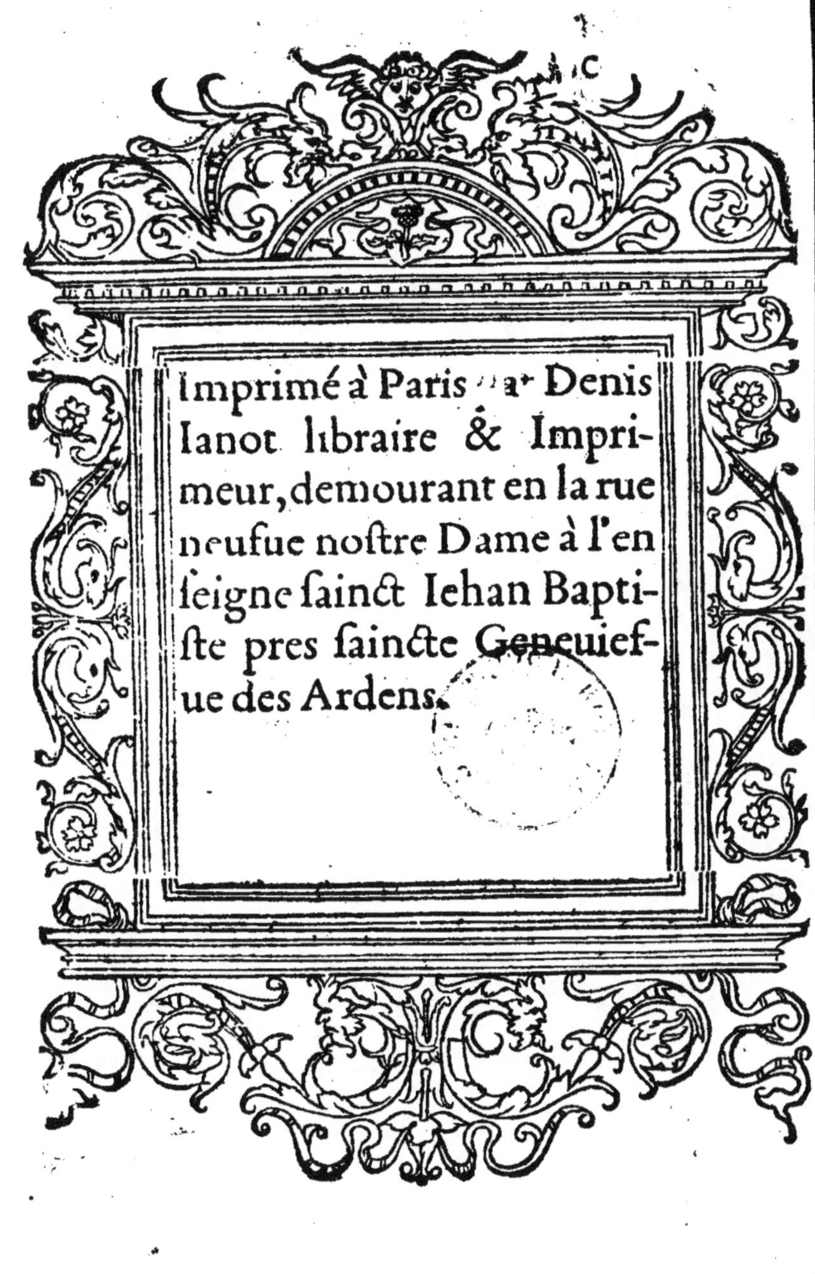

Imprimé à Paris par Denis Ianot libraire & Imprimeur, demourant en la rue neufue nostre Dame à l'enseigne sainct Iehan Baptiste pres saincte Geneuiefue des Ardens.

www.ingramcontent.com/pod-product-compliance
Lightning Source LLC
LaVergne TN
LVHW050532100826
845148LV00002B/531

* 9 7 8 2 0 1 2 5 7 1 7 1 6 *